またうっかり、自分を後回しにするところだった

中村天風

アスコム

やらなきゃいけないことがある。
大切にしたい人間関係もある。
頼ってくれたらそれに応えたい。

そうしているうちに、
またついうっかり。

自分のことを後回し
にしていませんか？

人生にはいろいろなことがあります。
決してあなたのせいじゃなくても、困難な状況に
巻き込まれてしまうことだってある。

「自分を大切にしないといけない」
と頭でわかっていても、
なかなかままならないものです。

そんなあなたに、
まずこの言葉を贈らせてください。

人が何と言おうと、
自分を正しく守るのは
自分である以上は、
自分をしっかり守りなさい。

自分を後回しにしてしまうのは、
周りの目を気にしすぎているから。

本来、あなたは世界にたった一人の存在です。
同じ人はいません。
その尊い命を守れるのは自分だけなのだから、
後回しにせず、
自分のことをまず第一に考えなさい、
と伝える言葉です。

世間が「いい」というものだって、
あなた自身が「いい」と思えなければ、
そんなの気にしなくていいのです。

なぜって？

「あなたはあなたのままで素晴らしい」からです。

これが、この本を通してのメッセージであり、昭和の哲人《てつじん》・中村天風《なかむらてんぷう》が語ってきた教えの根幹です。

中村天風は、稲盛和夫《いなもりかずお》さんや松下幸之助《まつしたこうのすけ》さんなど、
名だたる経営者に影響を与えた人物です。

彼は、軍事スパイや通訳として活躍していた30歳のとき、
当時「不治《ふじ》の病《やまい》」といわれた肺結核にかかりました。
自分を見失いそうになっていた彼を救ったのが、
インドの山奥、ヨガ大聖者のもとでつかんだ教えです。
病を克服し92歳で亡くなるまで、
それを踏まえた人生の教訓を人々に伝え続けました。

その原点は、公園で野ざらしになっていた石の上。
大きな石の上にたったひとり立ち、
道行く人に向けて話したのがはじまりでした。

立場で人を選ばず、すべての人に、
自分を大事にするコツを伝えようとしたのです。

この本では、親しみとリスペクトを込めて、
「天風さん」と呼びたいと思います。

今の時代、技術が発展し、
不便さに悩まされることは少なくなりました。

でも、便利になりすぎたせいで、
「昼夜問わず届くメッセージ」
「次々とおすすめされるニュースや広告」
「多くの共感を集めるインフルエンサーの意見」など、

自分の考えをゆるがすような情報に
日々、取り囲まれているのが今の私たちではないでしょうか。

どうしたら自分を優先して生きていけるのか、
自分を大事にするってどういうことなのか。
天風さんの話にヒントがありそうです。

それでは、はじめましょう。

目次

第1章

あなたはあなたのままで素晴らしい

第2章

人間関係のストレスから自分を守る

第3章

前向きな心に変えるためのヒント

第4章

自分の心を取り戻していくための習慣

第5章

たった一度きりの人生を、自分のペースで生きていく

※この本では、天風さんの講演を「話しことば」のままにご紹介しています。
※それぞれの項目には、教えを現代に生かすための「コツ」を中村天風財団協力のもとアスコム編集部にて記載しました。教えを理解する一助になりましたら幸いです。

第1章

あなたはあなたのままで素晴らしい

窓をあければ
明るい座敷を、
窓をしめていては
もったいない
じゃないか

どんなささいなことにでも、感謝を先にして、喜びでこれを迎えたならば、お互いの住む世界というものは、それこそ黄金の花咲く絢爛《けんらん》たる喜びの花園になるんだよ。

「いや、それは先生、わかっちゃいるんですけれど、なにしろ先生みたいに偉くないから」と、こう言う人がいる。

人間の思い方や考え方を変えるのに、偉くならなきゃ変えられないということはないんですよ。そう思うところに自分の無自覚があるんだ。

この中には、病気の人もおありでしょう。また、運命的に恵まれない人もありましょう。それを、恵まれない、恵まれないと言ってからに、お互いの生きる世界を暗くして、**窓をあければ明るい座敷を、窓をしめて暗くしているような人生に生きるのでは、人間として生まれたからには、もったいない**ことじゃないでしょうか。

二度も三度も生まれ変わるものならいい。自分というものは二度はこの世に生まれてこないんだから、**いったん生まれた以上はできるだけ長生きして幸福に生きないでどうするんだい。**

今、このことをそうだと思ったら、その人はきょうから以後、本当の幸福というものを味わいうる人です。理屈はどうか知らないけれどもね。**それはおまえさんが偉いからだよ。**

『青い鳥』の作者、メーテルリンクが言っています。幸福の鳥は、山や林や野にはいないぞ。家の外ばかり探したって駄目だ。幸福の鳥は家の中にいる、と。これも結局、要するに、**幸福は物やあるいは相対的な現象の中にあるのではなくて、おまえの心の中にあるんだぞ、**という意味です。

だから、教わったことを現実の実行に移さなきゃ。そうして初めてものになるんです。わからない道を丁寧に教わって、「あぁ、そうか」と思っただけでは目的地には行かれない。

やっぱり自分で歩きださなきゃ駄目だもの。それと同じことなんです。

あなたはすでに たくさんの宝物を もっている

幸福度合いを示す定義や指標。幸福と不幸を分かつ基準。そういったものは、この世にいっさい存在しません。いくら稼いだ。テストで何点取った。SNSのフォロワー数が何人になった。その数字は関係なし。幸福か否かは、すべて主観で決まります。

そして天風さんの言うように、つねに感謝と喜びの念を抱いていることが、自分にとっても、他人にとっても、晴れやかで幸せな気持ちを呼び起こす原動力になってくれるのではないでしょうか。

偉くある必要はありません。健康でなくても、希望をもつことはできます。悩んでいるときは、自分に足りないものばかり目に入ってしまうかもしれませんが、感謝と喜びの気持ちがあれば、本当はたくさんの宝物をもっていることに気づけるはずです。

あなたの人生の幸福度合いは、心持ちひとつでいくらでも変えられます。ネガティブ思考とポジティブ思考とでは、どちらがあるべき姿勢か？

答えは、火を見るよりも明らかです。今からでもけっして遅くはありません。“心の窓”をあけ放ち、自分の道を歩いていきましょう。

誰でも良き
人生の主人公と
なりえるように
できてるんだ

人間には現在に満足しないという自然性が心のなかにあるんだ。これが尊いんだぜ。

だがしかし、注意したい問題もここにある。

いくらね、進歩と向上とを現実にしたいためにと、理想ばかり描いても駄目だ。現在ただいまをフワーッと過ごしちゃって、いたずらに理想の達成を欲求するのは間違いもはなはだしく、結局は夢に終わるおそれがあるよ。

もう少しわかりやすく言うと、まず現在の、すでにこうしてさまざまと自分の今ある人生を、もっともっとよりよき人生に形を変えさせていくことに注意しなきゃ駄目なんだ。**ああなりたい、こうなりたいとばかり考えたって駄目なんだよ。**

ただ理想のみをむこうのほうに掲《かか》げておいて、そして現在の一歩一歩を考えないで、理想の火を炎と燃やしたって、**そりゃ駄目だよ。ただむこうで燃えてるだけだもん。**

だから、理想の実現、成就というものは、現在の現実を正しくパッと撮って離さないことなんだ。そうして、しょっちゅう「可能に、可能に」と、観念のなかでは可能にしちまわなきゃ駄目だ。

もっとわかりやすい言葉で言えば、できてないことをできた格好にしちまうんだ、頭のなかで。病になってる者は、病が治りたい気持ちよりも、現在もうすでに病が治った気持ちになりなさい。そうすると人間が人間らしく本当に生きられるよ。**人間だけなんだよ、考えられるのは。**

現在、病をもったり、煩悶《はんもん》をもったり、貧乏な人は、ここいらで反省しなきゃ駄目だよ。あなた方のほうでもってウインクを与えるから、貧乏神がくるんだ。**変なものにウインク与えなさんなよ。**

人生をもっと生きがいのあるものにするには、種蒔《ま》きゃ花が咲くという因果応報の因果律を重大に考えなきゃ駄目ですよ。重大に考えて、悪い種を蒔かないようにしていけば、**誰でも良き人生の主人公となりえるようにできてるんだ。**

夢への道の第一歩は
ゴールを具体的に
思い描くこと

己《おのれ》を知るということは、とても大切です。人間が生きていくうえでは、自分の能力や適性を理解し、それに見合ったことに取り組む姿勢も求められます。できないことに対して「できる」といっても、それは他人に迷惑をかけ、自らも恥をかくだけでしょう。

しかしその一方、自分の限界を決めてしまうことは歓迎できません。「○○になりたい」「いつかは○○ができるように」と、夢を抱くことこそが、あなたに生きがいをもたらし、人生を有意義なものにしてくれます。重要なのは、いたずらに漠然とした理想を追い求めるのではなく、叶った状態を具体的にイメージすること。それが正しい努力です。

サッカーの長友佑都選手は、大学入学まで全国的には無名の選手でしたが、プロサッカー選手になる夢をあきらめずに自分を磨いた結果、大学在学中に花開き、日本を代表する選手にまで上り詰めました。おそらく長友選手は、どんなときでも成功した状態を思い描いて努力していたから成功したのだと思います。

あなたは自分の理想の状態、夢が叶った状態を具体的に思い描いていますか？　夢への道の第一歩は、達成した自分自身の姿をイメージすることなのです。

石も磨けば
玉になることが
あるんだ。
「私なんか」と
捨てちゃ駄目だ

「玉磨《たまみが》かざれば光なし」の歌にもあるけれど、**石も磨けば玉になることがあるんだ。これを忘れちゃ駄目だ。「私なんか」と捨てちゃ駄目だ。**人間ってやつは、百歩譲《ゆず》って、いくら磨いてても玉にならないとしてもだよ、磨かない玉よりはよくなるぜ。ここいらが非常に味のあるところじゃないか。

どういうわけで人間だけ、そういうありがたい、磨けば磨くほど、研《と》げば研ぐほど、こりゃ自分でもびっくりするほど、自分というもののすべてが、優れたものになるようにできてるのか。

それは率直に結果からいくてえと、命を本当に役立つように使うためなんだ。つまり、われわれがこの現象界にこうやって尊く、万物《ばんぶつ》の霊長《れいちょう》として生かされている所以《ゆえん》のものは、**この命を正しく使っていくためなんだ。**

よーく考えてごらん、何のために万物の霊長たる人間として生まれたかということを。

私は全然三十五歳まで考えなかったんだぜ。インドの山の中へ行って初めて私は、「おまえ、何しにこの世に来たか知っているかい」って言われたとき、実際恥ずかしいのと悔しいので、いたたまれないような自責の念と言おうか反省の念と言おうか、あのときぐらい私は自分自身形容もできない辛い思いを感じたことはなかったな。

この世の中におよそあれじゃねえか、生まれてくる人間が注文して出てきているやつは一人もいないじゃないか。

犬や猫や猿が寄り合いをして、どうも人間というやつにはかなわねえな、だからあれを万物の霊長に推薦しようじゃないかと言って俺たちが万物の霊長になったのなら、これは確かに万物の霊長だけど、そうじゃねえぞ。

人間が勝手に自己推薦しているんだから、これはどっちかというとself-boast（自己自慢）じゃねえかとこう思った。

それで、考えてみると万物の霊長というのは名ばかりで結構だけれども、もう見る限り知る限り、他人はいざ知らず自分なんか考えてみれば今まで、いっこうに万物の霊長たるありがたい目に遭《あ》ったことは一遍《いっぺん》もねえじゃねえか。のべつ年中人生に味わうのは嫌らしい不幸な方面ばかり。

しかも、そうすることが万物の霊長とすれば、人間というものはこの世の中にさいなまれに来たもの、苦しませられに来たものじゃねえかと、こう思った。

だから、平気でそれを答えたんだよ。そうしたらもう一月《ひとつき》ばかり首が回らねえほど張り倒されちゃった。

それからまた三月《みつき》考えたよ。人間それ自身の存在だけを考えると、いかにもプア（貧弱）な、そしていかにもハッピレス（happiless＝不幸）のように感じられるけれど、宇宙の根本主体の持つ働きと人間の生命との関係を考えてみると、これは俺の間違い方は大変な見当違いから生み出されていると思ったんだ。

秩序と均整のとれている宇宙根本主体の働きによって支配されたこの現象界に生み出されたものの中の一番すぐれた存在である人間が、この世の中に苦しみに来たなんて解釈は、間違っているなと思ってね。

この宇宙に存在するtrue fact（実情）というものを考えてみると、ははあ、これは大変な違いをやっているぞと思った。

結局この世界に存在する事実が進化と向上ということを考えてみると、しかもそれが、宇宙の根本主体のアイデアであるということを考えてみると、ははあ、人間は、この進化と向上に順応するために出てきたんじゃないかいなと思ったんだよ。

人間はそれ自身をこの宇宙を司る宇宙根本主体と自由に結合せしめることができるキャパシティを与えられてあることと、同時にまたそれと共同活動を行わせる一切の力が与えられてある。それを本当に理解して、そのうえで生きる者が本当の生きがいのある人生をつくれるんだ。

人間は、万物の霊長なんだからね。どんな惨《みじ》めな境涯《きょうがい》で現在を生きてる人でも、**万物の霊長なんだよ。万物の霊長であるがゆえに、程度の高い、豊かな生活ができるようにできてるんだ。**

こう言うと、「いやあ、できてませんよ、私なんかもうしょっちゅう足らない」――そのほうを考えるからいけないんだよ。心の豊かな生活がいちばん程度の高い生活だ。物質の豊かなことを、あなた方は程度が高いと思ったら大違いだよ。

心の豊かな生活でなかったら、程度が高いとは言えないんだよ。どんなに金があったって、しょっちゅう悩みがあって、苦しみがあったら、けっして程度の高い生活をしてるとは言わないんだよ。つまり、心の生活が豊かでなきゃ程度の高い生活とは言えないんだ。

その生活を豊かにしようには、理想を気高くしなきゃ駄目なんだよねぇ。

他人《ひと》の喜びを我が喜びとし、自分の言うこと、行うことのすべてが人の世のためにあることなんだ。**「明るく、朗《ほが》らかに、生き生きと、勇ましく」**で、毎日を生きてるかい？

人として生まれた あなたの存在を 全肯定する

「あなたは草木でもなく、虫でもなく、言葉を話せない動物でもなく、人間としてこの世に生を受けた。それは偶然ではなく、必然である。意味があり、目的があり、尊いことである」

これが、天風さんが到達した世界観であり、人間観です。

地球上の他の生物を凌駕《りょうが》する進化を果たした人類には、この世界の進化と向上に貢献するという使命があり、それを実現するだけの力を生まれながらに与えられているということです。そしてその力は誰でももっているんだ、という「絶対的な肯定」が天風さんの教えの出発点になっています。だからこそ、天風さんの言葉は、時代を経ても私たちの心に届き、勇気を与えてくれるのだと思います。

とはいえ、力をもっていても、それを発揮するためには条件があります。それは、心を常に積極的にすること。向上心や理想というものが、人間としての成長をする鍵なのです。

ですから、自信がなくなってしまったときでも、「自分はこの程度」「これが自分の運命なんだ」とあきらめたり妥協したりせず、自分の力を信じて、必ずよりよい未来が訪れるのだとイメージし続けましょう。それこそが、希望をもって生きるコツであり、その先にはきっと、「生きていてよかった」と思えるような素晴らしい瞬間が待っているはずです。

自分に安っぽい
見切りをつけちゃ、
いけないよ

心が積極か、あるいは消極かで、人生に対する考え方がぜんぜん両極端に相違してきてしまう。

心が積極的であれば、人生はどんな場合にも明朗《めいろう》、颯爽潑剌《さっそうはつらつ》、勢いの満ちみちたものになりますけれども、反対に消極的だと、人生のすべてがずっと勢いをなくしてしまいます。人生を考える自分の心が消極的だと、すべてが哀れ惨憺《さんたん》、光のない、惨《みじ》めなものに終わりゃしませんか。

だいいち論より証拠です。医者がさじを投げ、だんぜん治らないと決められたような病でも、心が病に打ちかっているような、積極的精神の状態であると、その病が治らないまでも、医者がびっくりするほど長持ちをするというような場合が、実際にしばしばあるものです。けれど、病のときに心がもしも病に負ければ、治る病も治りはしません。

何のことはない、**自分で落っこちたらいいような大きな穴を掘って、自分で落っこっているのと同じ結果をつくっちまう。**

考えてみてください。心の態度がそうした大きな結果を、良いほうにも悪いほうにもつくるということを。

とくに私が念をいれて強調したいことは、この積極的精神というのは、けっして先天的なものじゃないということ。積極的精神態度をつくるということは、誰にでもできることです。

私たち人間は万物《ばんぶつ》の霊長《れいちょう》であります。生きとし生けるすべての生物のなかで、これより以上のものはないという、すぐれた立場を与えられたのが我々人間です。そのありがたい万物の霊長として生まれた人間のはずです。修練を正当に施《ほどこ》せば、何人《なんぴと》といえども、積極的精神という価値高いものを自分につくりあげられるようにできている。

ですから、**自分は駄目だ、俺は生まれつき心が弱いんだとか、神経が過敏だからというふうに価値のない、安っぽい見切りを自分につけないことであります。**

あなたは可能性のかたまり。ゆらがない心は今この瞬間からつくれる

天風さんは「人生の一切合財《いっさいがっさい》のすべてが心の態度というもので決定される」と強調しています。健康、長寿、成功といったものを望むのであれば、積極的精神を携えている必要があると。

積極的精神とは、自分の可能性を徹底的に信じる気持ちのことだととらえることもできます。そしてそれは、先天的に備わっているものではなく、誰もが後天的に備えることができると天風さんは説いています。万物の霊長たる人間はその能力を与えられたのだから、しっかりと行使しなければ宝の持ち腐れになるでしょう。

天風さんの言葉をすべてひっくるめて解釈し、かみ砕いてひと言で表現するのならば、「あなたは可能性のかたまり」になるのだと思います。

いいことが続かなくても、失敗ばかりしても、自信を失ってしまっても、そんな自分に対して「しょせん、この程度」と見切りをつけるのは、できればやめるべきですよね。天風さんからすれば「けしからん」ということになります。

もっともっと、自分を信じてあげようではありませんか。

星を見て佇むとき、
それを見る
心の中は
星以上に
大きなものだ

心というものは、この世の何ものにも比べることができない大きなものである。

こういうと、「私の心は、そんなに大きくない」とか、「他の人の心はそんなに偉大なものかもしれないけれども、私の心は小さい」などと言うのだけれども。

しかし、それは現代の人々が、心の動きを全部使わず、**せいぜい使っても五割か四割しか使っていない**からである。そして、残っている何割かは、一生使うことなく人生を生きているから、自分の現在まで使った心が、非常に小さく見えるのである。

自分がどういう心の使い方をしたにせよ、万物《ばんぶつ》の霊長《れいちょう》たる人間として生まれた以上、はかり知れない偉大な心を与えられているということに、気がつかなければいけない。

それでは、心は本当にどれだけ大きなものであろうか。

これはもう、考えればすぐに考えつくことである。それは何かと言うと、この広大無辺《こうだいむへん》といわれる大宇宙を、人間が考えたときにすぐ考えられることである。

およそ、大宇宙というものは、この世の中の一番大きなものである、と誰でもが考えている。

たとえば、あの空にきらめく星の数は、人間の肉眼で見えるだけでも、ゆうに数千もある。しかし望遠鏡を用いると、そのレンズを通して眺め得る数は、実に数百万に達する。さらに精巧《せいこう》な天体撮影の写真機を用いると、百万倍という途轍《とてつ》もない、多くの星を見出し得るとのことである。

そしてこれら星一つ一つが、皆一個の立派な太陽であり、この中には我々の太陽よりも、もっと遥かに大きいのがたくさんある。そしてさらに驚くべきことは、これら一つ一つの星の周囲には、やはり太陽と同様、種々なる惑星や、衛星が、多数存在していることである。

というようなことを考えても、この宇宙の広大さが推察できる。

そこで、真剣に気づかねばならないことは、人間の心の大きさである。果てしない大宇宙よりも、人間の心の方が偉大であるということ。

月を見て佇《たたず》めば、心は見つめられている月よりも、さらに大きいということを考えられはしないか。星を見て佇んでいるときに、その星を見て考えている心の中は、大きなものを相手に考えているんだから、それはもう、それだけで、星以上に大きなものではないか。

星を見て、その星よりもさらに広大な様子を心は想像できる、という簡単なことを考えただけでも、いかに人の心が一切をしのいで広大であるか、ということがわかってくるはずだ。

外観上では、いかに人間よりも遥かに大きいと思われる太陽にも、月にも、星にも、こうした心というものはない。しかし人の心には、こうした不思議な働きが与えられているというのは、そもそもどういうわけであろう。その点を断固として悟らねばならない。

哲学的に言うなら、あなた方の自我の中には、造物主の無限の属性が宿っている。そして、こうした尊いものが、別に頂戴《ちょうだい》したいといって注文したわけでもないのに、生まれてみたらば人間であり、人間であるからこそ、生きがいを意義づけるために、その生命に、男も女も公平に、この恵みを造物主から与えられている。

よく考えてみよう。**自分を貧弱な哀れな人間と思う考え方ほど、およそ値打ちがなく意味のない人生はないのだ**ということを。

幸福や健康の秘訣は、心をつねにフレッシュにしておくことにある

天風さんの言い回しは独特ですし、現代の私たちにとっては難しく感じる表現もたくさん出てきますが、その主張は終始一貫、ブレがありません。

それは、私たちには自分でも気づいていない絶大な力が与えられているということ。そして、その力を発揮するためには、とてつもなく大きく、偉大な心を汚さず、きれいな状態に保つことが重要――これに尽きるのではないでしょうか。

誰もが幸福や健康長寿を追い求めるものです。「幸せになろう」と意気込んでものごとに励んだり、「健康になろう」と日々の生活習慣に気を配ったりするのも大事なことですが、心を尊く、強く、清く、正しい状態に保つことに意識を向ければ、多くの努力をせずとも幸福も健康ももたらされる――これが人生の法則であると、天風さんは教えてくれているのだと思います。

それを実現するためには、自分の心の大きさや偉大さを感じ、常日ごろからどんなものよりも大切にすることが必要です。感情に振り回されたり、欲にまみれたり、悩みを抱えたりといった時間を、少しでも減らしていけるように、意識しながら生きていきたいですね。

信念というものは、
人間各自の
心の中に、
誰でも
もってますよ

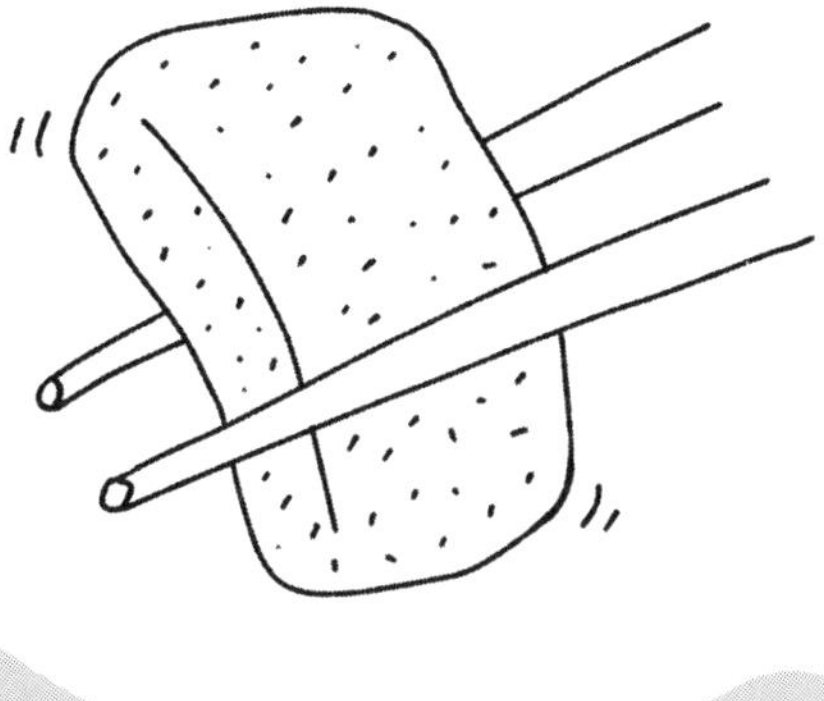

信念というものがお互いの生きてる毎日、日にち、瞬間、瞬間の人生にどうしてもなきゃならない、絶対的に必要なものであるということは、十分に諸君は悟りえていますね。

しかし、その知ってるということが案外、抽象的な人が多いんですよ。信念というものは、人生に対して大事なものだなあというふうに、漠然とただ考えてるだけじゃないかしら。

「信念というものがどういうわけで人生に対して必要なんだい」と質問されたとき、あなた方はどう答える？

「そらもう大事やないかいな。とにかく天風さんもいわっしゃるんで、信念、大事やないか」

「信念て何だい」

「何やて、大事なんや」と、こう言う。

これじゃあ、コンニャク問答になっちまう。

信念をわかっているつもりで、実はわかってない。だから、そうした質問を受けたとき、やっぱりその答えが抽象的にならざるをえなくなっちまうんだ。

信念というものが、人間各自の心の中にある宿願達成の原動力となるものだということをはっきりわからなきゃいけないんだよ。

もういっぺん言うよ。**信念というものは――人間各自の心の中に、誰でももってますよ**。ああなりたい、こうなりたいという、デザイヤー（欲望）とホープ（希望）というものを――それを現実的な形にしてくれる原動力となるものだ。

ただし、「あ、そうか、何でも望みさえすりゃいいんだな」と思う宿願は宿願じゃないんだよ、これ。でたらめな欲望を満足せしめるんじゃないんだよ。ありあとう宿願を、もっとわかりやすく言えば、できる事柄だけをでかしてくれる原動力なんだ。

道筋をつければ、考え方も、行動もブレずに歩んでいける

人間の信念とはすなわち、心の中にある宿願達成の原動力である——これが天風さんの考え方です。人は誰もが願望をもっています。「こうありたい自分」のイメージもあるでしょう。それを実現するために、自分を突き動かす力こそが信念というわけです。

しかし、その本質を心の底から理解している人がどれだけいるでしょうか。「じつは、わかっていない人が多い」と天風さんは言います。

お金持ちになりたい。いい大学に行っていい会社に就職したい。出世したい。幸せな結婚生活を送りたい。大きな病気にならずに長生きしたい。

こういった願望を抽象的に思い描くのではなく、具体的にイメージすることが大事です。そうすることで理想に向かう道筋をつけることができるのです。

自分の願望をしっかり思い描ければ、考え方も、言葉も、行動も、すべてがブレることなく、自信を持って人生を歩んでいけるようになるのだと思います。

心は
悲劇と喜劇を
感じさせる
秘密の玉手箱だ

多くの人は、思ったり考えたりすることは人の心の当然な働きだという程度しか考えてないんじゃない？

心を生まれたときからズーッと便利に思ったり考えたり使っていながら、いったい何のために使うんだろうということを知らないで生きている。自分の心を何のために使っているのかちっともわからないんだ。

それがわかるとわからないとでは、そこに比較にならない大きな差がでてくるんだがな。

形容すれば、今まで考えていたものよりもはるかに限界の広い、いわば果てしもないものだという本当の心の値打ちがわかってくるんです。

もっと哲学的な言い方で言うならば、**あなた方の心の中の考え方や思い方が、あなたたちを現在あるがごときあなた方にしているのであります。**

だから、俺は体が弱いと思ってりゃ体が弱い。俺は長生きできないと思ったら長生きできない。俺は一生不運だと思えば不運だ。何とでも、あなた方が考えてるとおりのあなたたちをこしらえてるんだから。

一挙一動、どんなささいな行動でも、みんなそれが自分の心の中の思い方や考え方の表現であると気づきなさいよ。「知らずにこれもってきちまいました」といって万引きで言い訳しても、あれは心がもってきたんだぜ。

自分の念願や宿願、やさしく言えば、**思うことや考えることが叶う、叶わないということは、それが外にあるんじゃないよ。**外にあるんじゃない。みーんなみんな、あなたたちの命に与えられている心の思いよう、考え方というものの中にあるんだよ。

人間の地獄をつくり、極楽をつくるのも心だ。**心は、我々に悲劇と喜劇を感じさせる秘密の玉手箱だ。**

心の可能性を信じて、つねに良い方向に意識を向けていこう

「無意識のうちに○○してしまった」、「無我夢中で○○してみたらうまくいった」などの表現が用いられることは多いですが、果たして本当に“無”が導いた結果なのでしょうか。天風さんからしてみたら、この無意識や無我夢中は言葉のあやであり、そこには必ずその人の思いや考えが存在している、ということになるのだと思います。

心の中にあるけれど、自分では意識していない思いや考えのことを、潜在意識といいます。この潜在意識を材料にして言葉や行動がつくられるのだと、天風さんは教えてくれます。つまり、心は私たちの言動の材料を保管している倉庫と言えるのです。

その倉庫からいつ何を取り出すかは、残念ながらコントロールしきれません。だからこそ、「無意識」や「無我夢中」という言葉が生まれたのだと思います。

では、何も対処できないのかというと、そうではないと天風さんは教えてくれます。心にいつも積極的なことを感じさせるようにしていれば、心の倉庫はいいもので満たされ、自分の言動も良くなっていくのだと。このことを、宝物がいっぱい詰まった「玉手箱」と表現しています。

意識しなくても「良い言動」が出てくるように、何事も前向きにとらえ、心を宝物でいっぱいにしてきましょう。

人生が
つまらないって人は、
その考え方が
つまらないんです

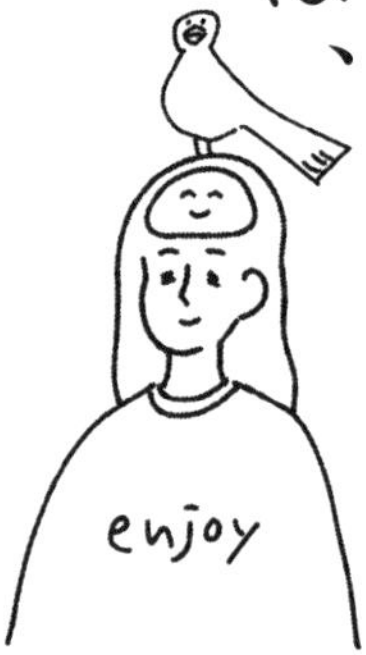

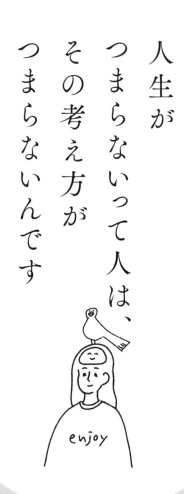

自分の人生を価値高く活かそうと思ったならば、他力本願で生きては駄目ですよ。

心の弱い人になると、「なにか自分には運命が向いていない」だとか、「世間がまだほんとうに認めてくれない」だとか、もっとあきれたやつになると、「設備が整っていない」だとか、「誰々が手伝ってくれない」とか、何かうまくいかないときに、みんな、自分以外のもののせいにする人がいますが、とんでもない了見《りょうけん》違いですよ。

もっとはっきり言えば、**やれ運命がつまらないの、人生がつまらないのって人は、その考え方がつまらないんです。**いいですか、幸福も健康も成功も、ほかにあるんじゃないですぜ。あなた方自身のなかにあるんだぜ。

運が、むこうから、みなさんのほうへお客のように来るんじゃないんですよ。すべての幸福や幸運は、自分がよび寄せなければ来やしないんです。

自分がよび寄せるというのは、自分の心が積極的にならないかぎりは、よび寄せられないんです。もっとやさしく言うと、**幸福や幸運は、積極的な心もちの人が好きなんですよ。**どう、わかった？

「天は自ら助くる者を助く」という言葉は、古くからある言葉だぜ。

それを、自らを助けないで、自分というものをつくればつくられるのに、少しもつくらずに、そして、やれ病がどうの、やれ運命がどうのって言ってる人間は、早い話が物好きでそういうことをやってるとしか考えられないじゃないか。

たとえば、右見れば繚乱《りょうらん》たる花園があり、左見れば墓場や死骸《しがい》がごろごろ転がっている。転がっている方面ばかりが見えるというときに、右見てればいいじゃないか。右見てれば、目にうるわしい花が己を楽しませてくれるのに、左ばかり向いて、なんてこの世は残酷なもんだと考えているやつがあったら、その人間をほめるかい？

幸福や幸運を
自らつかみ取るため
今よりもちょっと積極的に

好意を抱いている人が身近にいたとしましょう。その人に優しい言葉をかけられたら、「ひょっとしたら良く思ってくれているのかも」と思う半面、「いやいやそんなに甘くない」と慎重になることのほうが多いのではないでしょうか。

一方でそっけない態度をとられた（と感じた）ら、「ああ、可能性ないのかな」と、落胆してしまうはず。「向こうも自分のことが好きなんだけど、たぶん照れ隠しをしているだけだろう」と前向きに考えられる人はかなりの少数派だと思います。

このように、たいていの人はものごとをよくないほうにとらえてしまいがちです。

でも、それでいいはずがないですよね。根拠のない自信をもつのはいかがなものかと思いますが、だからといって、卑屈になったり、なにごともネガティブに考えたりしていたら、あなたの人生がもったいないです。

今よりもちょっとで構わないので、積極的な心持ちになることを目指し、幸福や幸運を自らつかみ取ろうではありませんか。

あっそうか、と
気のついたときが
新しいバースデイ
であります

あなた方は、生きてることは、死んでない以上はよくご承知になってます。どんなとぼけたやつでも、「いやあ、俺はひょいとすると死んでやしねえか」と思うなんて人はいない。

しかし、生きているという現実の中に、「生存」と「生活」の二つの部面があることに気がついてますか。

人間が人間らしく生きるのには、何をおいてもまず第一に「生命の生存」を確保する「生き方」を考えなければならないのです。その次に、「生命の生活」という「活かし方」を考える。

ところが多くの人たちは、生活に対する方法ばかり、どうすれば健全に生きられるだろう、食い物かしらん、薬かしらん。

つまり、肉体本位に生活することばっかりを、健康獲得への唯一の手段だと。で、肝心かなめの生存の方面に対しては研究する必要はないと思ってる。

なるほど、それは生存という方面に対して何らの理解がなくても、ある程度まで生きていかれますよ、死なないかぎりは。けど、**「死なないかぎりは生きていかれる」ということは、生きてる間は完全に健康で、しかも長生きができるということにはならない。**

ここはひとつ考えてみてください。命があるから、言い換えれば、生命が生存しているからこそ生活ができるんでしょう。そうである以上、命を完全に生かすこと、つまり生命の生存を確保することを何をおいてもまず第一に考えなければいけないんですよ。

縁あって人間の世界に生まれてきた以上は、できるだけ強く長く、そうして広く深く、健康も運命も完全に生きなければ二度出てこられない世界だ。**人生という現実の世の中に生きる自分を、本当のリアリストとして生かさなければ駄目です。**夢のような現《うつつ》のような、おとぎ話のような、自己欺瞞《ぎまん》で過ごしてしまったのでは、二度繰り返すことのできないこの人生、もったいないです。**あっそうか、と気のついたときが新しいバースデイであります。**

よりよい生活を目指すなら、「生き方」についても考えてみよう

近年、書籍や雑誌などで、QOLという言葉をよく目にするようになりました。クオリティ(Quality)・オブ(Of)・ライフ(Life)の頭文字を取った略語で、直訳どおり「生活の質」を意味します。

このQOLを向上させようと思ったとき、私たちはどうしても、「何を食べたらいいか」「お金を増やすにはどうしたらいいか」「人間関係をよくするにはどうしたらいいか」など、方法論ばかりに目がいってしまいがちです。

ですが、生活の質というのは、本来、自分の命があってこそのもの。自分がしっかりと生きていくことを後回しにして、インスタントなHow toばかり追いかけては、本質的な「生活の質」を高めることは難しいでしょう。

そんなとき、天風さんの「命を完全に生かす」という言葉を思い出してみてください。まずは自分の命を大切にすることが第一。それに気づくのは、まさに本書を手にした今が絶好の機会です。

薄っぺらな人生を送らないために、自分がなんのために生きているのか、どう生きるべきか、ということを、ここで一度立ち止まって考えてみませんか。

第2章

人間関係のストレスから自分を守る

怒りや恐れは
いっぺんきりの
貴重な人生を
スポイルしてしまう

人間とは何だろう。厳粛《げんしゅく》に言えば、「人間とは感情の動物」ではなく、**「人間とは感情を統御しうる生物なり」**。これが本当の人間の姿なんであります。

しかしあなた方、しょっちゅう感情に追い回されているだろ。怒ってるか、恐れてるか、苦しんでるか、憎んでるか、このどれかしらに当たるわね。

科学がこれだけ発達して、文化がクライマックスに達したかのごとく見える現代でも、こと人生に関するかぎりは、肝心かなめのことがまだわからない。

昭和二十年の五月、東京が三回目の大空爆によって全滅。その明け方に、B29の搭乗員が、私が家族と一緒に疎開していた田舎の田んぼへ不時着したんです。それをお百姓が発見して、寄ってたかって袋だたきにしちゃった。

そこへ、私がヒョイと通りかかって、縄を解いてあげたんだ。

「あんた方の中で、息子が戦争に行ってる者があるなら手を挙げろ」

みんな手を挙げた。だいぶ行ってるんだ。

「じゃあ今、手を挙げた人に聞くが、おまえたちの息子がとっつかまってこういう目に遭《あ》ったとき、それをあとで聞いたら、おまえたち、うれしいか」

のちになってこのことを「どういうお気持ちでお救いなすったんですか」と聞かれたから、**「人間の気持ち」**と言った。

とにかく、**現在ただいま、時間というものはスピードフルに回っているんです**。怒ることがあるから怒るんだ、悲しいことがあるから悲しいんだというようなことを言ってたんじゃ、人生に極楽はこないんですよ。

さんざん怒った、さんざん泣いた、さんざんおっかながった後で気が落ち着いてから、「あの時、なにもあんなに怒ることはなかった」「今から考えてみると、それほど悲しいことじゃなかった」なんて思うようなことも、ちょいちょいはないかもしれないけども一年にいっぺんぐらいありゃしませんか。

怒りや恐れや悲しみに虐《しいた》げられない心構えが必要じゃないんですか。何にもかえがたい、**いっぺんきりの貴重な人生をスポイルしてしまう**。そういうことが、どれだけあるかわからないということを、あなた方、感じませんか？

怒りや悲しみは必ず生まれる感情なので、いちいち相手にしない

人間にも動物にも本能が備わっていますが、両者には大きな違いがあります。本能のままに生きるのが動物。これに対し人間は、本能から生まれる感情をコントロールし、自らの力で理想的な生き方を追求することができます。そこが人間の優れている点です。

しかし世の中には、感情をコントロールすることができるのに、逆に感情に振り回されたり、支配されてしまったりする人がいます。そしてそれが、その人の人生を台無しにしてしまうことも……。

想像してみてください。こちらの事情をわかってくれない上司や、わがまますぎる友人に、ものすごく失礼な発言をされたときの自分を。そこで怒ったり、強い言葉で抗議したりしたら、一時的にすっきりするかもしれません。でも、時間がたってから「やめておけばよかった」と後悔するのではないでしょうか。

そうではなく、優しい言葉で教えたり、注意したりしたほうが、たとえこちらの真意が相手に伝わらなくても、深く後悔することはないと思います。怒ったり悲しんだりするのは簡単ですが、いちいちマイナスの感情をあらわにしていたら、人生が駄目になるということですね。

つまんないことで
怒るやつは
豚よりも
まだ下等です

「人間だから怒るのは当たり前だ」って言う人がいるけれども、どういうわけで人間なら怒るのが当たり前？

そしてそういう人にかぎって、「人間は感情の動物なり」というような間違ったことを思ってる。

いつかある人が私に聞いたことがある。

「先生のところでは、どんなことがあっても、機嫌《きげん》の悪いという人を見たことないが、誰もお怒りにならんのはどういうわけです？」

「それはね、**俺のところは悪人ばかり多いからだよ**。何か事が起こると、『あ、私が悪かった』とこう言う。誰でもいいから、私が悪かったってことを言って罪を背負っちまうと、喧嘩にならない。人が一言でも、『あ、私が悪かった、そこにそれを置いたもんだから、壊れたのね』というふうに言っちまうと、これ、喧嘩にならないよ。ところが、あなた方は善人ばかりだからいけねえ。『私は何にも悪いことはしてないんだ、あの人が悪いんだ』となるから、そりゃ喧嘩をやりだすもんね」

自分自身を裁判することのできない人を、非常に上品な人だと思ったら、上品な人だと思ってもいい。私はこのくらい下等《かとう》なことはないと思う。**どこまでも自分がいいとばかり思って、少しも自分の欠点を自分で感じない人は、人間としていちばん下等**なものじゃなかろうかと。

第一、腹を立てりゃ、ものが解決しないばかりでなく、自分の生命を弱らす毒素が生じてくる。自分の生きてるアトモスフィアのすべてに毒素が生じるということを考えなきゃいけない。ばかだといわれてもいいから、忍耐おしよ。**ものを忍ぶことのできないような人間だったら、これはかすだぜ。**

こういう話を聞かせると、自分たちには関係ないように思うかもしれないけど、どういたしまして。あなた方の日常生活をようく考えなさい。ちょいと気にいらないことがあっても、すぐ顔色が変わるじゃないか。「この豚め、怒ってやがるな」とすぐ思うもん。全くだよ、**つまんないことで怒るやつは豚よりもまだ下等です。**

怒っている人のことなんて気にしなくて大丈夫

怒りという感情ほど、余計で、無駄で、無価値なものはありません。「つまんないことで怒っているやつは豚以下」と断じていることからも、天風さんの思いの強さを感じ取ることができます。

「誰が得するの？」を略した「誰得」なるフレーズが一時期流行しましたが、怒りはその最たる対象かもしれないですね。怒りの感情をあらわにしたら、ぶつけた側もぶつけられた側もまったく幸福にはなれないですし、なんの利益も生まれません。問題の解決にも至りません。まさしく、誰も得をしない状況です。

昨今はアンガーマネジメントの重要性が各所で指摘され、カッとなったら6秒間我慢するとか、その場から立ち去るとか、事を荒立てないためのテクニックが広まっています。半世紀以上も前に天風さんが悟っていたことが、社会に浸透したということでしょう。

それでもなお、この世には怒りの感情が渦巻き、あちこちで諍《いさか》いが起こっているわけですが、それをよしとする人は、おそらく誰もいないはず。怒りの感情がわき上がってきたときに自分をどう処するか──それによって、その人の人間的な価値が決まると言っても過言ではないかもしれません。

顔が青いと
言われたら
「豆は青いほど
うまいわよ」
と言ってやれ

あなた方が二六時中《にろくじちゅう》使っている言葉、我ながら自分の言葉に尊敬を感じるような言葉を言っているか。気高い気持ちになれるか。気高くなくなっていやせんか。そういうことを考えないで盛んにおしゃべりしていると、それが自分自身ばかりじゃないんだ、それを聞いている人間の生命にまで良くない影響を与えちまう。

真剣に考えろ。**人間の日々便利に使っている言葉ほど、実在意識の態度を決定する直接的な強烈な感化力をもっているものはないんだぜ。**感化力というより、むしろ暗示力と言おう。だから、それを完全に応用して生きてみろ。それだけでも、どれだけ健康や運命のうえに大きな良い結果をもたらすかわからない。

たとえば、体が悪いときなんかに、ここがつらいとか、ここが痛いとか、ここが悩ましいとかと言うのはかまいませんよ。それは感じだから。それを逆に言ったら、嘘を言っていることになるもんね。

痛いのは痛いでいいよ。けど、その後がいけないんだ、あんた方は。「痛くてしょうがねえ。どうにもしょうがねえ」とか、「ああ、死にそうだ」とか、「ああ、これでもう駄目だろう」、それがいけないんだ。

たとえば、時候のごときでも、暑いとき「暑いなあー、やりきれないな」、これがいけないんです。暑いの寒いのは感覚だから言っていいよ。でも、どうせ言うなら後にもっと積極的なことを言ったらいいじゃない。**「暑いなあ、よけい元気が出るな」**と、こう言えばいいんだ。


だからねえ、つねに積極的な言葉を使う習慣をつくりなさい。

「おはよう、あんたどっか悪かない？」

「いや、どこも何ともないよ」

「そう、気のせいかしらん、青いわ」なんて。

世間の凡人は、そういうことを平気で言うから。

言ったら、今度こう言ってやれ、**「あんたの目のせいじゃないの。青くっても差しつかえないわよ。豆みなさいよ。青いほどうまいわよ」**って。

ポジティブなワードセンスを磨いていこう

ひと言余計な人っていますよね。みなさんも誰かに対し、「それを言わずに話を終わらせておけばよかったのに」と思ったことは、おそらく何度もあるでしょう。また、自分が「余計なことを口にしてしまった」と、あとで反省したという経験もあるはずです。

言ったほうも言われたほうもいい気分にはならないし、あらゆるところに悪影響が出ると天風さんは指摘しています。当然、自分が余計なことを言わないように意識することが大切であり、相手に言われた場合は意に介さない心持ちでいられるようにすることが求められる、ということです。

普通なら、「余計なこと、それも消極的なことは言わないように」で終わるところですが、その先があるのが天風さんのすごいところ。なんと、それを応用して、どうせ言うなら積極的なことを口にしなさいと言うのです。

挨拶を交わしたあと、「今日もいい笑顔ですね」「その服、似合ってますよ」と言われたら、たとえお世辞っぽかったとしても、悪い気はしませんよね。相手のためにも、自分のためにも、できるだけポジティブなワードセンスを磨きたいものです。

知らない人の
言うとおりに
する人は、
ばか以上の
お人好しですよ

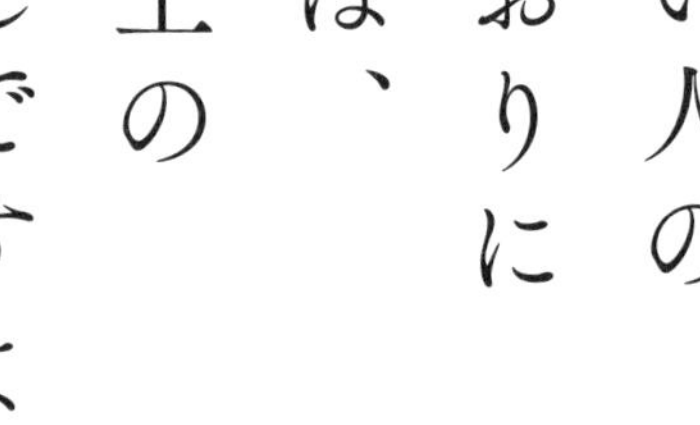

現代の人々の多くは、自分じゃ気がつかないが、ほかの人の言葉や行いを批判することなしに、いきなり自分のほうから結びついていくような状態がままあるんであります。

いい言葉に動かされるならいいんですよ。けれども、消極的な言葉に動かされたら元気がなくなっちまう。**燃えようとする火に水をぶっかけるのと同じ結果がきちまうんです。**

世の中には、おせっかいな人がいて、ものがわかったような顔をして、「おい、そんなに無茶すんなよ。そんなことしてやり損なったら大変だぞ。やめとけ、やめとけ」なんて言う人がいるね。

それが自分の上役《うわやく》だとか、偉そうに見える人に言われると、せっかく燃えようとするファイトがフーッとしぼんじまうんだ。**他人の言葉や行いのサジェスチョンで、自分の心が上がったり下がったり、エレベーターみたいになる。これがよくないんだ。**

しかも、そうした恐るべき誘惑が悪意でなく行われているんです。というのは、ほかの人はあなた方を弱くしようとか、哀れにしようとかと殊更《ことさら》に消極的な言葉や行いをあなた方に対してやっているわけじゃないんですから。そうすることが当然のような気持ちでやっているんです。

それを注意しないで、すぐフウッと人の言葉や行いにのせられちまうと、せっかくの精神をつくろうとしている自分の気持ちが損なわれちまう。

もし道を歩いてるときに横丁から知らない人がいきなり飛び出してきて、「あっち向け」「こっち向け」と言われたらどうする？　どんな人間だってその人に、「ありがとうございます」と礼は言わないだろ？

よっぽど好きな人から言われるのならともかく、知らない人に言われて、言うとおりにする人は、ばか以上のお人好しですよ。

人の言葉に振り回されないように、自分の感覚を信じて判断しよう

誰かの言葉に助けられた、という経験はみなさんお持ちだと思います。その相手が、両親、先生、先輩、上司、友人、恋人やパートナーといった身近な存在のみならず、見ず知らずの人や、直接会ったことのない著名人というケースもあるでしょう。

それ自体は素晴らしいことですし、否定する必要はいっさいありません。天風さんも「いい言葉に動かされるならいいんですよ」と言っています。

しかし、なんでもかんでも他人の言葉を鵜呑《うの》みにするのは、果たしてどうか。自分に自信が持てない人や、控えめな性格の人ほど、相手に頼りきったり、言いなりになったりしてしまいがちですが、そこはしっかり選択すべきでしょう。

どんなにあなたのことを思ってくれていても、悪気はなくても、その意見やアドバイスがプラスに働くとは限りません。天風さんならきっと、自分の心が暗くなる、マイナスになると少しでも感じたら、取り入れないという判断を下すべきだと忠告してくれるはずです。

自分を過小評価し、他人を過大評価するのはやめましょう。他人の言葉に振り回されて失敗したり、嫌な気持ちになってしまったりしたら、本当に残念ですからね。

コップに入ったゴミを
「縁があるから
捨てずに飲もう」
と思うかい？

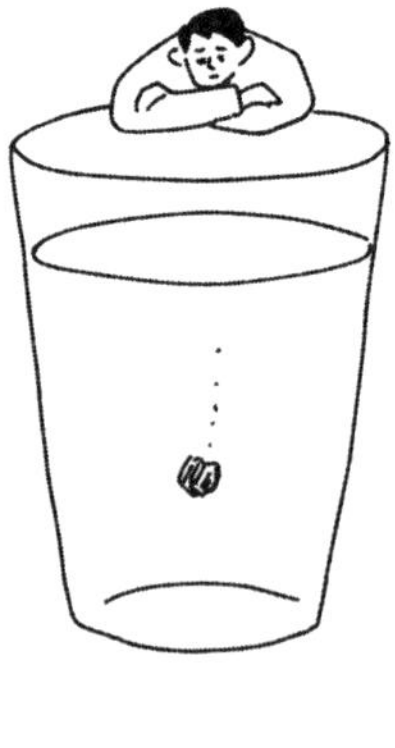

心の中にある消極的な観念は、片っ端からどんどん整理する必要がある。心の中を清いもの、尊いもの、楽しいもので満たしておけば、心に煩悶《はんもん》なんか起こりようがないんです。

たとえば、**あなた方が水を飲むときにコップの中に汚いものが入ってたら、「縁あって入ったものだから、捨てずに飲もう」と思って飲むかい？** きれいな水と取り換えるだろ？ それと同じことをする。値打ちのない消極的な観念を取り除いて、心の倉庫の大掃除をしようということなんです。

あなた方は目に見えるあってはならないものはすぐ取り除こうとするのに、目に見えない心の中にあってはいけないものは野放しにしている。 そうして年がら年中、考えなくてもいい、くだらないことを思ったり考えたりして、良くない障害や災いを発生させている、というのがあなた方なんです。

今の人はマスコミの発展でいろんなことを知ってるね。**本当に人生に必要**

な尊いことはちっとも知らないで、猫の目のようにコロコロ変わる消極的な情報の波にあっちこっち引きずり回されて、そりゃもう潜在意識の中はくだらないことで充満してる。

それが原因で、なにかにつけて腹が立ったり、悲観したり、恐怖したり、憎んだり、嫉《ねた》んだり、悶《もだ》えたり、怒ったり、悩んだり、迷ったり、苦しんだりしてるのがあなた方だ。

なんでもかんでも心の前にあらわれたことを、細大漏《さいだいも》らさず取り込もうとするからいけないんだ。**どうしても取り込まなきゃならないなんてことは、一日のうちに、そうそうあるもんじゃない。**

とにかく心の倉庫の大掃除をして、本当の人間らしい思い方や考え方のできる人間になろうじゃないか。

ほんとうに大切な情報は そんなに多くない

インターネットが普及し、SNSが市民権を得た現代は、まさに情報過多社会です。パソコンやスマートフォンの画面を開けば、さまざまなニュースや、個人もしくは団体の主張などを知ることができます。

ただしそれは、すべてが有意義なものであるとは限りません。千差万別にして玉石混交《ぎょくせきこんこう》。箸にも棒にも掛からないものもあれば、最初から誰かを欺《あざむ》いたり、陥れたり、傷つけたりしようとしているものもあるでしょう。

とくに最近は、そういったネガティブな情報が目立ちます。誹《ひ》謗《ぼう》中傷、デマやフェイクニュース、マスコミによる偏向報道。そういったものを漏らさず取り込もうとし、信じて踊らされ、余計な苦悩を抱えることになってしまっている人も、いるのではないでしょうか。

必要な情報や価値ある情報はごくごく限られていると思っています。なんでもかんでも心に取り込んでいたら、心が乱れてしまいます。だから、今一度あなたの心に入ってくる情報の必要性を精査して、仕分けをしてみるといいかもしれません。不要なものを見極めて心の中に入れないようにすることで、苦しみや悩みは少しずつ減っていくことでしょう。

自分の命は
自分のもの。
人が何と言おうと
自分をしっかり
守りなさい

病になったり、不運になったりしたとき、おおむね多くのあなた方の考え方は、「罪は自分にあるんじゃない。かくなった責任は私じゃない」と、こういうふうに考えていやしませんか。

ましていわんや、事業に失敗したり、商売をうまくやれなかった人間なんかは、けっして自分にその責めを負うて考えようとはしません。「汗水たらして働いていたってね、こういう時代だ、儲《もう》からねえのが当たり前じゃねえか。ああ、嫌だ嫌だ、こんな世の中は」なんてね。

それじゃあ、みんな嫌がってるかと思うと、なかには成功している人もある。

そういう人間をとっつかまえて、「あんなのは運だよ」なんてことを、間違ってない断定のように考えている人がいやしませんか。

どんなことであろうと、事の大小は問いません。自分の知る、知らないとを問わない。すべての人生の出来事は偶然に生じたものじゃありません。アクシデントというものは、自己が知る、知らないとを問わず、**必ず自己が蒔《ま》いた種に花が咲き、実がなったんです。**

「生きる心構え」というものに正しい自覚が、そして反省が、常に油断なくおこなわれていないで生きると、ぜんぜん自分の気のつかないような悪い種を、健康的にも運命的な方向に蒔いてしまうんです。

本当の幸福というのは、人生がよりよく生きられる状態に自分ですることなんだもん。**自分でしないで、ほかからしてくれることを待ってるかぎりこやしないよ、この世の中に。**

自分の命は自分のものなんだからね。

人が何と言おうと、自分を正しく守るのは自分である以上は、自分をしっかり守りなさい。

この世にたった一人の
あなたなのだから、自分の
幸せを後回しにしないで

天風さんいわく、世の中で起こるありとあらゆる出来事は、偶然ではなく必然からなるもの。あなたに関係することであれば、起こる可能性を把握しているいないにかかわらず、それはすべて自己責任、とも言えます。

不条理に感じることも、不可抗力によって起こったと思えることも、自分ごととして受け入れるしかありません。ましてや、時代や社会や他人の責任にするなど問題外。にもかかわらず、自分のことを勝手に不幸と思い込み、卑下《ひげ》したり、後ろ向きになったりする人があまりに多いことを、天風さんは嘆いています。自分に降りかかった問題は、自分で解決するしかありません。

もちろんこれは、幸福に関しても同じことが言えます。幸福は、待っていて訪れるものではなく、自分の信念と価値観に則《のっと》って生きる中で、自らたぐり寄せ、感じるものなのでしょう。逆に言えば、他の誰かが「いい」と言うものだって、あなたが「いい」と思えなければ、気にしなくていいのです。

あなたの命はあなたのものです。しっかり守り、大切に育《はぐく》み、よりよく生きられる状態に自ら導くことを意識して日々の生活を送っていれば、それそのものが幸福な人生になってゆくのではないでしょうか。

憎らしい者なんて
いやしないよ。
いちばん
憎らしいのは
自分の心なんだ

自分の気持ちの中に少しでも憎しみをもってる人がいたら、それは憎まれてる人間が悪いんでなく、憎しみの気持ちをもってる人間が悪いんです。**この世の中に憎らしい者なんていやしないよ。いちばん憎らしいのは自分の心なんだ。**

心の世界には人を憎んだり、やたらにくだらないことを恐れたり、つまらないことを怒ったり、悲しんだり、妬《ねた》んだりするというような消極的なるものはひとつもない。心本来の姿は、八面玲瓏《はちめんれいろう》、磨ける鏡のごとき清いものだ。その清い心にいろいろ汚いものを思わせたり、考えさせるのは、それは心本来が思ってるんじゃない。**悪魔がその心の陰でいたずらしてるんだ。**

なるほど、この考え方はいい考え方だ。自分が心配したり、恐れたりしているときに、「いや、これは俺の心の本当の思い方、考え方じゃない。また悪魔が来やがっていたずらしてるな」と気づいて、その思い方、考え方を打ちきりさえすれば、もう悪魔はそのまま姿をひそめるわけだねえ。

いくら光明《こうみょう》を人生に輝かそうと思っても、そうした気持ち、心持ちにならないかぎりは輝いてこない。だから、**「きょう一日、怒らず、恐れず、悲しまず」**と、いつも言ってるじゃないか。この「怒らず、恐れず、悲しまず」こそ、正真正銘の心の世界の姿なんだ。

静かに自分自身、考えなさい。消極的な気持ちが心の中に出れば、自分が批判する前に、自分の心それ自体が非常な不愉快さを感じるからすぐわかる。心配してうれしく思い、苦労して何ともいえない爽《さわ》やかさを感じる人間はいないだろう。

病のときに心配するのは当たり前だとか、運命が悪くなって煩悶《はんもん》するのは当たり前だって言うのは、**これは自分に薄情だからだよ。**

自分に本当に情け深い気持ちがあったら、「ああ、そうだ。こういう場合に心をいじめちゃいけないんだ。心は、こういう場合に健康を立て直したり、運命を立て直すいちばんの原動力になるんだから、この恩人を虐待《ぎゃくたい》しちゃいけない」って思うだろ。

情け深い気持ちで、ものを見、ものを聞き、人と交わることをしてごらん。その情け深い気持ちだけでもって、誠と愛と調和という人間の階級の高い気持ちが、ひとりでに心の中に湧いてくるんだ。

そのような気持ちで生きると、第一番にありがたいことは、くだらない生命力の消耗がないんです。言い換えると、命に疲れがない。もしも、現在、私のやってるこのお仕事が義務で、嫌だけれどもとにかく時間まではやらなきゃいけないからやる、というような気持ちでやったら、これは今日みたいな講演をしたら、ぐったりしちまうよ。

だから言葉や行いを、人の世のため、人の幸福のためにしようということは、本能や感覚や感情や理性の欲望生活を断念しろっていう意味じゃないんだ。**うまいもん食べるときは一緒に食べよう、いいもの見るときは一緒に見よう、**ぐらいの気持ちがなきゃ駄目だよと言ってるんです。

とにかく、心がけてごらん。自然とそういうような心に我が心が移り変わっていくから。とくに今まで嫌だったやつなんかが、嫌でなくなるようになるんだ。難《むずか》しかないよ。その人の顔を見て、その顔と取っ組むからいけないんだ。**嫌なやつの顔を見ながら、自分の好きな人の顔を思い出せばいい。**自由なんだ。「おまえの顔を見てるときは、ほかの人の顔を思い出してる」っていちいち断る必要はないんだもん。断りゃ向こうは怒っちまう。

少しでも自分の心の中に薄情な気持ちが出るようなことがあったら、急いで鏡の前へ行って「こんな私じゃなかった。もっと気高い、情け深い人間だ」というふうに、自己暗示をかけてごらん。心はややもすれば脱線するからね。

こう言いながらも、私だってときどきハッと気がつくときがある。**気がついたら、ヒョイッと取り戻す。**お互い、自分の心を自分で監視、監督して、脱線しないように、価値の高い、光輝く人間になることに心がけましょうや。

嫌な自分になっている
ことに気づいたら、
すぐに律するの一手

他人の悪口を言ったり、誰かのことを憎んだり、恨んだり。そんな自分に気づき、我に返り、なんともいえない嫌な気持ちになったことは誰にでもあると思います。

人間ですからそれは仕方がありません。天風さんですら、「私だってときどきハッと気がつくときがある」と言っています。大事なのは、そのあとどう考え、どう対処するかです。

それは自分の本心ではなく、悪魔のいたずらによるものととらえ、その悪魔を生み出してしまった憎たらしい自分を律する──これが天風さんの示す答えであり、天風さんは「気がついたら、ヒョイッと取り戻す」と述懐《じゅっかい》しています。

相手のことを恨んでも、罵詈雑言《ばりぞうごん》を浴びせても、軋轢《あつれき》がなくなることはありませんし、自分の心を清く保つこともできません。心の陰に現れた悪魔を見つけたら、退治し、心を大切に磨いてあげましょう。

そもそも、その悪魔の存在に気づけないのはまずいですが、「怒らず、怖れず、悲しまず」を日々念頭に掲げ、心の健康を維持していれば、きっと気づくことができるはず。つねに思いやりに満ちた、そういう人でありたいものですね。

何にも
考えることが
できないなんて、
心を粗末に
するなよ

朝から晩まで恵まれどおしで、よいことばかりありすぎたらねえ、人の世界じゃないよ、そらもう。苦しみが多く、悩みが多いから人間の世界。そらもう。その苦しみが多い、悩みの多いなかに生きて、心がそれに少しも引きずられないで生きてるときに、人間の生命の本当の光明《こうみょう》というものがある。

どんな場合があっても、自分でも抱きしめてやりたいような、本当に純真な尊さを感じるような気持ちを自分の心の中にもつように努力なさいよ。ようく考えなさい。他人の心じゃないよ。**あんた方の命を守る大事な心になんで苦しさを考えさせたり、悩ましさを考えさせたり、悲しみを考えさせるんだ。**

自分のものなら自分でどうにも勝手にしていいなんて思ったら大違いだ。自分のものだ、自分のものだという横着な気持ちをもっているうちに、いつか、**何にも考えることのできないほど自分というものがなくなっちまうんだ。**

人間として生まれさせていただいて、この命を拝借して生きてるんだと、こう思ったら、**心を粗末《そまつ》にするなよ。**

第一、あなた方ねえ、苦労したり、悩んだり、人を憎んだり、恐れたり、悲しんでるとき、気持ちいいですか。あんな嫌な気持ちなかろう。その嫌な気持ちをなぜ心にさせるんだ。喜ばせてやれ。しじゅう楽しく考えさせてやれ。それが心に対するあなた方の義務だぜ。

暗い方面から、嫌な方面から人生を考えりゃあ、そら世の中に明るさ、何にもないわ。暗かったら窓をあけろ。光がさしてくる。ここに教えの偉大さがある。

私は不愉快なことや嫌なことは、けっして口にも出さなきゃ、素振《そぶ》りにも出しません。そのかわりもう、うれしいこと、喜ばしいことは、はたから見てこんなこと、何がうれしいんだろうと思うようなことも、うわーっ、うれしいなと、それは子どもみたいだ。

とにかく自分の心が大事ですから、私は。

自分の生きてるあいだ、何とも言えない楽しさ、朗《ほが》らかさ、おもしろさの絶えざる連続だというような生き方にしなきゃあ。

暗いことばかりを考えていたら、人生そのものが暗くなる

「人生、あきらめが肝心」とはよく言われますが、これは頑張らなくてもいい、ということを意味する表現ではありません。ものごとを途中で投げ出しても構わない、ということでもありません。できもしないことやつまらないことに執着するな、ということです。

嫌なことばかりが続くと、「どうせ私は……」「しょせん自分は……」が脳裏に渦巻き、楽しいことを考えられなくなってしまう人がいます。でも、そんなことをしていたら、ポジティブな思考がどんどん奪われていき、自分というものを見失うことになる──これが天風さんの主張でしょう。

人生は苦難の連続。それが当たり前。悩みや苦しみがあっても、いちいち絶望してはいけません。

「言霊《ことだま》」という言葉があるように、マイナスのことばかりを口にしていたら、よくないことが起こりやすくなる、あるいは万事がよくないことに感じてしまう、という現象は起こり得るでしょう。

それはとてももったいない。いつなんどきも、楽しいこと、うれしいこと、喜ばしいことを想像できる自分でいられるほうが、後悔のない人生を歩んでいけるはずです。

人生は、心ひとつの置きどころ

私は、毎朝起きますと、ニッコリ笑って「ありがとうございます」と必ず言う。天に向かって感謝します。「きょう一日この笑顔をくずすまい」と。そして同時に「ああ、生きてた。ありがとうございます」。

あなた方は生きているのが当たり前だ、目を覚ますのが当たり前だ、とこうなるんだ。当たり前じゃありませんよ。**当たり前だ、当たり前だと思ってろ。そうすると、ある朝のことなりき、どうしても目が覚めざりき、というときがくるぜ。**

人間はやっぱり、始終感謝の気持ちを頭の中にもって生きるということ。そうすると、不平や不満というのはなくなる。感謝を知らないで生きてるやつは罰当たりだ。

「箱根山、駕籠《かご》に乗る人かつぐ人、してまた、その草鞋《わらじ》をつくる人」

この世の中はもち合いです。ところが、因縁あって知り合いになったという不思議なあいだがらで喧嘩しているやつがいるんですね。**喧嘩する人間ぐ**

らい下等《かとう》なやつはないぜ。

だから、どんな場合があっても、すべてが自分と同じ人だと思って、生きている命に対して尊敬をはらって、**たとえ向こうがどう出てこようと、こっちはあくまでも菩薩観音《ぼさつかんのん》の気持ちで人生に生きなければ嘘よ。**

自分の気持ちの中をすさんだものにしてはいけない。自分の気持ちというものは、自分の命を守ってくれる心の中から出ているということを考えてみたら、その心を大事にしなければ。この世の中に自分を守ってくれる人間を足蹴《あしげ》にしたり唾をひっかける者はいないだろう。**心が自分の命を守っているんだ。尊いものなんだ。**

だから、常にできるだけにこやかな人生に生きて、何ごとに対しても感謝を先にして、そして喜びの人生に生きなさい。そうすると、この世の中、変わっちまうんですよ。何という、本当に明るいうれしい、光明《こうみょう》の輝く世の中だろうというふうに。**人生は、心ひとつの置きどころ。**

相手が攻撃的ならば まともに相手にせず、 菩薩観音の気持ちで接する

人間は一人で生きていくことはできません。いろいろなものに支えられています。自分以外の何かが、意思のあるなしにかかわらず助けてくれているからこそ、生命活動を"当たり前のように"維持できるのです。

空気もそう、水もそう、陽の光もそう。もちろん、他人もそうです。

しかし、その事実を理解できずに感謝の気持ちをもてていない人がいて、それはとても罰当たりなことであると天風さんは指摘しています。

たとえば、腹が立つ上司や気に入らない同僚がいたとしても、彼らを憎み嫌うのではなく、「この人たちがいるから部署やチームが成り立ち、会社が存続し、自分のお給料も発生している。自分ひとりでこの会社を支えることはできない」と考えることができたらどうでしょう。きっと、あなたの心は今よりも穏やかになると思います。

誰かからなんらかの攻撃をされても、まともに相手にしないこと。いがみあっていても、お互い、幸せになることはできません。もちろん、こちらから争いを仕掛けるのは問題外。まずは感謝ありきの姿勢で、自分の心を明るく落ち着いた場所に置くことを意識してみましょう。

お互い、
人の仲間にいなきゃ
生きられないから
いるんだぜ

自己を中心として考えると、人に喜びを与え、人に幸福を与えることが他人の犠牲になってるような気になるんだ。しょっちゅう言ってるだろ。人間は自分一人で生きられる世界に生まれたんじゃないと。

あなた方は、まわりにいる人たちを、自分のためにいる人のように思うからいけないんだよ。人の中に自分がいて、その人の中で生きてるのが自分なんだよ。自分が生きるために人がいるんじゃないんだよ。それをはき違えちゃ駄目なんだ。

それはちょうど、「働くために食う」というのが人間としての正しい生き方なのに、「食うために働く」と思ってる人がいるのと同じ。

お互い、人の仲間にいなきゃ生きられないからいるんだぜ。己一人の存在が己の力で生きてるんでなく、人の中にいて人の力で生かされてるってことに気がつかない？

たとえば、いくら私が講演で偉そうなこと言ったって、話を聞く人がいなかったらどうなる?
あなた方もそうだろ。ここへ来て、私も誰も壇上に出てこなかったら、おもしろくもおかしくもねえだろ。どうだい?

人間どんな偉い人間でも自分一人じゃ生きられない。それを考えたらば、常に自分の言葉や自分の行いを、嘘でもいいからできるだけ人を喜ばし、嘘でもいいから人を幸福にするほうに努力したらどうだい。

ただ人の世のためになる言葉や行いをすることを楽しみにするんです。**きょうは昨日より人を幸福にしてあげるようなことを言えた。明日はきょうよりもよけい、あの人が沈んでるから喜ばしてあげよう、**というふうに、なにも物を持っていかなくても、その人の魂に大きな光を与えてやりゃいいんです。

もっと情け深い気持ちを心におもちなさい。情け深い気持ちは、もとうと思ったらもてるんです。

相手の立場で考えれば、どう接すべきか見えてくる

人生を振り返って、大きな喜びを感じた瞬間を思い出してみてください。志望校に合格した。試合に勝った。賞をとった。昇進した。おおよそ、そういったことが浮かんでくると思います。

そして誰もが必ず、一つひとつの詳細は思い出せないかもしれないけれど、数えきれないほどの小さな喜びも感じてきているはずです。その大半を占めるのが、他人からほめられたり、感謝されたりした瞬間ではないでしょうか。

「すごいね」と「ありがとう」は魔法の言葉。これを言われてうれしくない人はいませんよね。

ここで、逆の立場になって考えてみると、天風さんの言葉が心にずしりと響いてきます。自分が誰かに対し、感謝したり、親切にしたりすれば、その相手の気持ちが明るく楽しいものになることが、ありありと想像できるからです。

自分も他人も、己の力で生きているのではなく、互いに生かされ合っている――この真理を会得《えとく》すれば、周りの人たちにもっと優しく接することができるようになるでしょう。

あなた方の
本当の心の姿で
生きりゃいいだけ
なんだよ

さあさ、そこでだ、あなた方にも楽しめる欲望のなかでいちばん尊いものを教えてあげよう。楽しめる欲望のなかでいちばん尊いものは何だろう。難しいことでも何でもないことなんだけどね、常にできるだけ自己の言葉や行いで、よろしいか、他人を喜ばせることを目的とする。

他人の喜ぶような言葉や行いを、自分の人生の楽しみとするという尊い気分になって生きてごらん、きょうから。それがなかなかできそうもないって言ったら大違い。人間の心の底には、どんな人間にでも情け深い思いやりというものがあるんだよ。

それが、いつも言ってる、**「誠と愛の心でいっさいに応対せよ」**ということになるんだから。何にも難しいことを考えなくたっていいんだよ。

自分の情け深い気持ちを出しなさい。情け深い思いやりがもとになって、心の誠も愛の情も、またしぜーんと親切という気持ちも出てくるんだ。**人間の心の最高のものが、常にドンドンひらめきだしてくる。**

私みたいなどろぼっけな人間がそうなれたんだから、あなた方もなれるよ。

他人《ひと》に親切にしてやった、思いやりのあることをしてやった、それが人間の本当の心なんだから、そのときぐらい何ともいえないエクスタシーを感じるときはないのだよ。

きょうからやってごらん。不思議に自分の心の成り行きが、これが本当の自分の心かいなと思うほど、しぜーんとなりますよ。ちょうど、スキーやスケートが、最初はそうとう熟練するまではね、すべったり、転んだり、しりもちついたり、おでこぶったり、けつうったりする。しかし、慣れると、乗っかりさえすればスースーだろ。

とにかく人の世のため、嫌でも誠と愛というものが出てくる思いやりの状態のまんまで生きてごらん。それが人間の生きる当然の生き方だというふうに、おかすべくもない条件なんだから。もっとはっきり言っちまうと、**あなた方の本当の心の姿で生きりゃいいだけなんだよ。**

他人に対する親切は、繰り返せば繰り返しただけ自然なものになる

戦争や紛争のニュースが絶えず流れ、穏やかな日常の中にも有事《ゆうじ》の可能性が指摘されている昨今ですが、争いごとを好んでいる人は一人もいないでしょう。誰もが平和を願っているはずです。

もしも全世界の人々が、天風さんが定める「他人を喜ばせるという、楽しめる欲望のなかでいちばん尊いもの」を第一義に考えることができたら、争いは減り、いずれなくなっていくのにと思わずにはいられません。

みんな幸せ。自分も幸せ。これをあなたが本当に望むのならば、そのありのままの姿で生きればいい、つまりは他人に親切にしなさいと天風さんは教えてくれています。親切にされた人がまた別の人に対して親切に、そしてその人がまた別の人に、ということを世界中の人々が実践すれば、相乗効果で平和な世の中が訪れてもおかしくないのです。

これを机上の空論で片づけず、まずは身近なところから実践してみましょう。最初はうまくいかなくても、慣れればスムーズにいくと、天風さんは言っています。「情けは人の為ならず」の精神を、いつなんどきも、つねにもち続けましょう。

第3章

前向きな心に変えるためのヒント

だって手の
つけられない
暴れ馬でないと、
千里を走る
駿馬になれない

びっくりするようなことを言うぞ。

一切の宗教家や識者は「すべての執着を捨てろ、欲を捨てろ、捨てさえすれば、清い心で生きられる」と言うだろ。

天風哲学はその反対なんだ。「大いに欲を出しなさい」って言う。あなた方、「しめた！」と思った？


いいかい、よく聞きなさいよ。

私が「欲をお出し」と言うのは、「高級な欲望を出しなさい」ということなんです。本当のことを言うと、欲の深い人は早く自己改造ができるんだよ。

だって手のつけられない暴れ馬でないと、千里を走る駿馬《しゅんめ》になれない。人もしかり。

そうだろう。釈迦だってキリストだってマホメットだって、難行苦行したのは自分を立派なものにしたいがための欲望だもん。**私がインドの山で三年も修行したのも、結局そうなんだ。間違っても遊びに行ったんじゃねえぜ。**

人は、なんらかの欲望をもってます。ただそこに、低級か高級かの相違があるだけなんです。だから、なにかを考えようとする場合に、高級な理想や高級な観念でものを考えるように癖《くせ》をつける。やればわけなくついてくるよ。

有名なバイオリニストが、弟子にいつも言ってる言葉があるそうです。それは、「一人での稽古《けいこ》も、ステージでも、自分は世界で一番のバイオリニストだと思って弾《ひ》きなさい。今までは先生が世界一だったけど、今は自分が世界一だというつもりで」と。

なるほど、聞けばチョイと自惚《うぬぼ》れを助勢するように感じるけど、なんとそう思って弾いているうちに信念になっちまうらしいんだな、これが。

こういうことを応用していくのがいちばん賢い。

とにかく、**自分の改造しようとする人格や性格の目的を定めて、希望の種を高級な欲で蒔《ま》く**。そうすると、あえて「こうしよう」と思わなくても、必ずや奇跡的な効果があらわれてくる。わかったかい。

自分を成長させたいのなら、質の高い欲望を持とう

人は誰もが欲望をもっています。「食欲」「睡眠欲」「性欲」の三大欲求にとどまらず、「金欲」「物欲」「名誉欲」などなど、挙げだしたらきりがありません。最近は「承認欲求」という言葉が広く浸透し、自分を大きく見せようとしてSNSなどに没頭する人も目立つようになりました。欲深いと思われることは周囲にマイナスの印象を与え、ともすれば「強欲」と揶揄《やゆ》されることもあります。

では、すべての欲は悪しきものなのかと言えば、決してそんなことはありません。重要なのはその質で、天風さんは「高級な欲望なら大いに出してよろしい」というスタンスをとっています。高級な欲望とはすなわち、純粋で清らかな志と考えるといいでしょう。

それは、ただ漠然と「お金持ちになりたい」「偉くなりたい」と渇望するギラギラした欲望ではなく、もちろん自分以外の誰かに迷惑をかけるものでもなく、純粋に理想的な自分を思い描き、それを追い求める姿勢です。これがあるからこそ、人は成長できるのでしょう。

高級な欲望があるからこそ、人は良い方向に変わっていけるのだと思います。質がともなっていれば、欲望はもってもいい――これを肝に銘じましょう。

嫌なやつに
頼まれると、
半紙一枚もったって
くたびれる

実業界に入って銀行を経営したり、会社を経営したりしたときも、はた目から見たら、ぜいたくの極《きわみ》を尽くしているように見えていても、私はちっとも、ああ楽しいな、と思った日はなかった。

自分の影法師を追いかけると同じように、のべつ満たされない思いで、もっともっとという欲が燃えているだけなんだ。もう自分でも、なんて俺は始末にいけない欲のかたまりだろうと思ったよ。朝から晩まで、寝てるあいだも我欲、私欲と取り組んで、そらもう言いしれない悩みと焦りで、心も肉体も疲れだしてきたんであります。

その結果、せっかくインド三年の山の中でつくりあげた肉体の健康が、またなーんとなくへんてこになってきたんだよ。とんでもない大ばかだった、私。

ところが、それが、全く考えてもいない偶然のことで、ハッと気がついたことがあるんだ。家内が、

「従兄弟《いとこ》が病気で、ひどい神経衰弱にかかってるんです。たとえ一言でもい

いですから、あなたの今までの体験されたことを話してやってくださったら」と言うから、三十分ぐらいのつもりでボチボチ話を始めたところが、だんだん話に興《きょう》がのって、二時間ばかり話しちゃった。

そして心にも肉体にも、何の負担も疲れもないどころか、何ともいえない楽しみを感じだしたんですよ。まわりの者が喜んでいく姿を見てね。いわゆる天空海闊《てんくうかいかつ》というのはこんな気持ちかなあと。いっくら金をつんで遊んでも、これだけの楽しみはないわと思った。

それでヒョーイと気がついたんだよ。

この湯あがりの気持ちのような、いい気持ち。これもやっぱりひとつの欲だからねえ。**好きな人のことをしてるときには、ちっとも疲れない。嫌なやつに頼まれると、半紙一枚もったってくたびれる。**

人生には、同じ欲望でも、何とも形容できない、楽しめる欲望というものがあるんだなあ、と気がついたんだ。

代えがたい楽しみは、見返りを求めない行動から生まれる

「天空海闊」を辞書で引くと、「空や海のように広く大きいこと」と記されています。天風さんは奥様の従兄弟に自らの体験談を語ることで、そんな心境に至りました。

おそらく、心から感謝されたのでしょう。

喜ぶ姿を見て、やりがいを感じたのでしょう。

天風さんは決して、自慢話をしようとしたわけではありません。自己顕示欲を満たそうとしたわけでもありません。でも、楽しい気持ちになりました。結果的に、無欲の裏に存在する、人間の潜在的な欲望に気づきました。

みなさんも経験がありませんか？　自分では当然と思ってしたことで、思いがけず人からほめられたり、「ありがとう」という言葉をかけられたりして、心がポカポカしてきたことが。見返りを求めず、本心からとった行動であればあるほど、大きな充実感を得られたと思います。

周囲の人につねに打算なく接し、相手のことを慮《おもんぱか》った行動をとったり、言葉をかけたりしてみましょう。予想外の“プライスレス”な瞬間が訪れるかもしれませんよ。

ベストを尽くして
ブーブー文句を
言う人は
誰もいないんだからね

大学は出たけれども、それで必ず偉くなるかというと、そうはいかない。哀れな状態で人生に生きてる人がいます。もちろん、彼らも自分がその日暮らしの人生に生きたいがために大学を出たわけじゃないでしょう。青雲《せいうん》の志《こころざし》を胸に抱いて、天晴《あっぱ》れ、儕輩《さいはい》の群を凌《しの》いで、立派な成功者としてこの人生を幸福に生きていきたい気持ちで大学に入り、大学を出たんでしょう。

しかし大学を出てから、積極性というものがないばっかりに、艱難辛苦《かんなんしんく》と戦って、人生苦というものに脅《おびや》かされ、自分の運命を切り拓くチャンスを自分から失ってしまった哀れな人間がそうとう多くいます。

我々の学生時代には、「成功して幸福な人生に生きたかったら、まず知識を豊富にしろ」とか、「社会人になったら、人生を建設するいちばんの基礎となるべき経験をつめ」とか言われたもんです。

人工衛星が飛んでるような時代でも、心の方面の事柄だけが「なにごとぞ」

と言いたいくらいマンネリズムと言えます。いっこうに進歩もなければ変化もなく、相変わらず「まず知識を蓄えろ」「まず経験をつめ」と言うんです。

もちろん、なにをするにも知識が必要なことはあえて言うに及ばず、また経験というものが自己をつくりあげるうえで重要な条件であることにも相違ありませんけれども、いくら学問をしても、いくら経験をつんでも、自分の心の中に**積極性というものが欠けていたら、その知識も経験も、本当に理想どおりには完結されないのであります。**

積極性というものは、多く言うまでもなく能動性のものであって、とにかく人生というものはファイトでいかなきゃ駄目なんです。

昔の儒学の教えは、「日々に省《かえり》みて己を悔い改めながらいけ」ということですが、そういう七面倒《しちめんどう》くさいことで人生を解決することに私は不賛成な一人です。**どこまでもファイトで行くんです。**

こう言うと、「これはずいぶんむちゃな話を聞くもんだな。がむしゃらでいくのか」と思う人がいるかもしれませんが、そうなんです。

我々人間に与えられた知識の範囲というものは知れております。とやかく、あれこれと思案しながら考えていたら、本当のファイトが出ますか？　あれを考え、これを考え、逡巡《しゅんじゅん》して、グズグズグズグズと躊躇《ちゅうちょ》してばかりいると、進歩も発達もない憐れな自己ができあがるだけでしょ。

とにかく縁があって今いるところで、ベストを尽くすんです。**ベストを尽くすことに対して、ブーブー文句を言う人は誰もいないんだからね。**

すぐに変な理屈をつけちまって、「俺なんか駄目だ」「俺はなにしろ、意気地がねえから」「ファイトなんか出ねえよ。この月給じゃ」なんて、すぐ消極的の方面から自分の人生を考えちまう。

だから、生まれながらに与えられているはずの積極性の根本《こんぽん》である勇気というものが、くじけちまうんだ。勇気がくじけたら、人生への積極なんてものは出そうたって出やしません。

思い方、考え方が深刻であればあるほど、呼ばないのに深刻なことを招き寄せちまうんだ。

だから、**「自分は駄目だ」とか「自分にはできそうもない」なんていう否定的観念や消極的な考え方は捨てちまわなきゃ駄目なんだぜ。**

ただしファイトで行くときに、私があなた方にとくに言いたいことは、成功したいとか、出世したいとか、幸福になりたいとか、そういう希望を胸に描きながら働いちゃいけないんですぜ。これが普通の人が言っていることと違ってる点なんです。私はそれに賛成しないのであります。

なぜかというと、目的を定めてやると、焦りが来るからです。「まだか、まだか」という焦りが来ると、ファイトに傷がつくんです。これは大事なところだから聞きなさいよ。普通の学者や識者の言うこととは全然違いますよ。

がむしゃらでもいいからファイトで行くんです。

手抜きをしなかったからこそ心からの笑顔になれる

手抜きをしない。全力を尽くす。ものごとに取り組む際には、この姿勢が大事――天風さんの叱咤《しった》激励《げきれい》からは、こんなメッセージをくみ取ることができます。

お金をたくさん稼いでも、地位と名声を得ても、それが人生の成功とは言えません。最近はよく「勝ち組」という言葉を耳にしますが、そう表現される人たちは本当に勝っているのでしょうか？

そもそも、何に対して勝利しているのでしょうか？　仮に偏差値の高い大学を出て、上場企業に就職したとしても、それに満足してあぐらをかいていたら、後悔ばかりが残る人生を送ることになってしまうでしょう。

真の満足感や充実感は、一生懸命に励んだことによって得られます。学生時代の部活動を思い出してみてください。レギュラーになれなくても、表彰されなくても、がむしゃらに取り組んでいたのなら、「やってよかった」と思えているはずです。

それは大人になっても同じこと。目先の成果や、一時的な他人からの評価を気にせずに、とにかく目の前にあることに対して、積極的に、全力で、「ファイト」の精神を持って臨んでみましょう。今よりもきっと、笑顔になれる瞬間が増えると思います。

他人に相談しなきゃ
わからないような
仕事はするな

たとえば、自分のわからないことを私に聞いて、それでわかっても、その後の経営は私がするんじゃないよ。あんたがするんじゃないか。いちいち聞きにこなきゃならないことだったら、あんたが経営するんじゃなく、今度は私がすることになるじゃないか。**他人に相談しなきゃわからないような仕事はするべからず。**

これはちょうど十貫目《かんめ》しかもちあげる力のない人間が、そこに二十貫のものがあって、これをもちあげるとばかに儲《もう》かると言ったときに、どうしたらいいでしょう、と相談するのと同じじゃないか。

こうすりゃいいよと教えてやったときに、そうですかと言ってもちあげるのは本人だ。そのとおりできなかった場合はどうするかというんです。

だから、何はさておいても、自分の心の働きを超特的に向上しなきゃ。ほかのことはともかくも、**自分自身に関することが他人に聞かなきゃわからないような人間になっちゃったんじゃあ、これは人間のくずですよ。**

ですから、このなかにもいやしないかと思うけども、易《えき》を見てみたり、占いに行ってみたり、日のよしあしだとか、方角がどうだとか、人間とっつかまえて午《うま》だとか申《さる》だとか言ってるやつは、人間として最低級な人間だ。

心の働きが向上しないと、何かと気になるらしいんだね。かりそめにも他人の心ならともかくも、自分の生命の象徴である心、その働きが完全でないから、つまんないことでも聞くと、すぐ気になるんだ。

人間の心の働きが超特的に向上すれば、そんなばかばかしいことなんかに迷わされますかいな。万物《ばんぶつ》の霊長《れいちょう》じゃないか。

後悔したくなければ
最後の決断は
自分で下すこと

はじめての仕事に就《つ》いたとき、何から何までパーフェクトにこなせる人はいません。先輩や上司、先生。そう呼ばれる人たちに、イロハを教わりながら仕事を覚えていきます。習得するまでは、まずは素直に何でも吸収することが大切だと思います。

しかし、一人前になってからは、ただ他人の意見を聞くだけではいけません。もちろん人に相談するのは大切ですが、責任ある判断のためにも、聞いたまま鵜呑《うの》みにするのではなく、自分に必要なものを見極め、取捨選択しながら取り入れていくことが必要です。

自分ですべき決断を他人まかせにしていませんか？　天風さんは、それはばかばかしいことであり、自分に関することを他人にいちいち聞くような人を「人間のくず」「最低級の人間」というたいへん厳しい言葉で表現しています。

これは仕事のみならず、人間関係にも同じことが言えるかもしれません。子どものころはともかく、大人になれば自分の裁量でいくらでも付き合う人や付き合い方をコントロールできるはず。自分の意思ありきで、よいと信じた道に進むことが、成功につながるでしょう。

金持ちみんな
幸福かいな

そもそも人間とは幸福でありうるものか否《いな》かということ、さらに、人というものは健康や運命に対して強いものか、はたまた弱いものかということも考えてみたい。

皆さんは時にはこういうことをとっくりと考えたことがあるかしらん。

忙しいと言おうか目まぐるしいと言おうか、形容もできない日々に生きていると、たとえときどきは考えられても、真剣に取り組んで、とっくりと考える余裕なんかありゃしませんよ、と言う人が百人に九十九人でしょうね。やれ運が悪いの、思うようになれないの、どうもよく寝られないとか、どうも何やってもおもしろくないとか……。実際の話が、どこが悪いとか、ここが悪いとか、あれがどうだとか、こうだとかっていうことばかりで、**いいことのほうはちっとも言わない**。

もっとも、そういう方面からばかり人生を考えていれば、そうとしか考えられない結論がくるかもしれませんなあ。**北向いて行けば北に行くし、南向**

いて行けば南に行くんだから。

しかしね、人間とか人生を考える観点の置きどころを誤ってるんだから、それを訂正しなきゃ。ピントが外れてるんだもの。

たいていな人間はね、人生をただ第二義的に考えて、やれ金が幸福のもとだ、物質が幸福のもとだ、地位だ、名誉だなんて、そういうものを物にすれば幸福にも健康にもなるように思ってる。

だが、金持ちみんな幸福かいな。金や物質なんていうものは、仮相の存在で実相の存在じゃないんだから。**ああるから幸福だ、こうあるから幸福だって幸福は、崩れやすい幸福なんだ。**

第二義的な人生は、どこまでいっても相対的なんです。多少の効果はあるとしても程度問題で、それ以上は出ていかないんです。

さっきも言ったとおり、人間を判断し理解する認識のピントがぼけて焦点が狂っていると、いくら努力しても、そうして幸い幸福になりそうな金ができても、地位ができても、真の幸福も健康も完全に得られませんよ。

お金や物や地位や名誉によって感じる幸福はたかが知れている

「よ～く考えよ～♪　お金は大事だよ～♪」

某有名保険会社のCMに、こんなフレーズが登場します。まったくもって、そのとおり。お金はものすごく大事です。現代社会において、お金がなければ食事をすることもままならず、まともに生活することはできません。そして、お金をたくさんもっていれば、心に余裕が生まれるでしょう。

ただし、だからと言って幸福であるとは限りません。多少の効果はあっても、本質的な幸福とはかけ離れている。すなわち、お金や地位や名誉といったものに固執した人生なんてたかが知れている――天風さんはそう考えます。

事実、お金持ちや著名人のなかにも、犯罪に手を染めてしまう人、自ら命を絶ってしまう人、家庭を壊してしまう人、他人から悪口ばかりいわれている人が大勢いるわけであり、それがお金や地位では幸福を手に入れられないことを証明していると言えるでしょう。

幸せか、幸せではないかは、とらえ方次第です。ものごとを悪くとらえれば、悪い方向に進むばかり。もっと前向きに考えて、楽しいことやうれしいことを探す道を歩んでみてはいかがでしょうか。

成功した人は
特別な生まれつき
だと思う。
そこが大きな
間違いなのだ

心の持ち方を積極的にすることが、人間の正しい心であるという証拠に、そうした心で生きると、健康も運命も、どんどんよりよい状態になってくる。

反対に心を消極的にすればするほど、健康も悪くなり、運命も悪くなる。この事実が、あなたがたに、心の持ち方を教えているのにもかかわらず、そしてまた、そうしたことが分かっている場合でも、自分で柄《え》のないところに柄をすげて、これを悲しまずにいられるか、これが怒らずにいられるか、これが審判せずにおられようか、というふうに悪いとは思わず弁護している。

いくら弁護しても、宇宙は裁判所じゃない。弁護の状態が上手だからといって、脚色が上手だからといって、お前を無罪にしてやるとはいわない。何遍《なんべん》でもいうが、健康が悪くなるのも、運命が悪くなるのも、もとは自分にあるのだ。**天に向かって唾《つば》したのが降りかかってきたのだ。**

多くの人は、自分より優れた人や、出世したり、成功したり、丈夫な人を見ると、**そういう人は特別な生まれつきだ、と思う。そこが大きな間違い**なのだ。生まれつき、天才のように見える人間でも、成育するにつれて、やりっ放しにしておけば、凡人になってしまう。凡人といえども、立派な修養を積めば、驚くべき優れた人間になる。

それを多くの人々は、あれは生まれつきだから別の人間だと、決めつけてしまうところに、大きなミスがあるのだ。

偉いと言われ、名を成し、業を全うし、あるいは容易に人の考えないような尊い真理を考えたりする人というのは、特別製のとても偉い人だと思うかもしれないが、そうではない。

あなたがただって、それと同じような値打ちを持っているのだけれども、あなたがたの方では、それを心の方が運用していないからに他ならない。**正宗《まさむね》の宝刀を台所に持っていって、菜っ切り包丁として使っている**からいけないのだ。

つまり、出世、成功、あるいは非常な健康に、また幸運に生きている人は、心の内容が極めて積極的であるからである。

可能性を限定せず、自分のことをもっと信じてあげる

人はみな、先入観というものをもっています。固定観念も抱えています。過去に自分が経験したことや起こった事実をもとに、「できる・できない」や「起こり得る・起こり得ない」を頭の中で想像して生きています。

天風さんは、当時では不治の病とされていた肺結核を患《わずら》い、自分はもう長くは生きられないだろうと覚悟を決め、なかばあきらめていた状態から奇跡の生還を果たしました。もちろん、稀代の哲人として講演活動をする自分の姿など想像もしていなかったでしょう。だからこそ、未来を決めつけるのはよくないということを悟ることができたのだと思います。

野球の大谷翔平選手は、投手と打者を同時にこなす“二刀流”をプロで成功させることは不可能だろうと、ほぼすべての人から思われていました。でも彼には、「自分ならできる」という揺るがざる信念があったのでしょう。その強い思いが現実となって、日本で、そしてアメリカで、誰もたどり着いたことのないステージへと、上っていくことができました。

これはつまり、常識にとらわれて、未来を決めつけてしまったら、それ以上前には進めないということ。今まで以上に、自分のことを信じてあげましょう。

信念のある
人間は、運命が
良くなるも
良くならないも
思ってませんよ

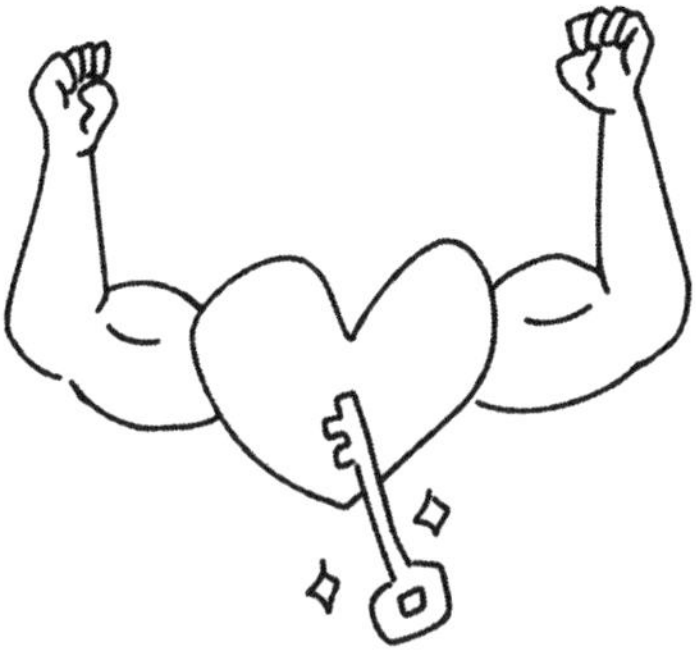

なにもないときだけ、積極的な心持ちが立派に守れるけれど、なにかあったときには、必要な心をどこか置いてけぼりにしちまうというのが現代人じゃないかい？

これは本当の信念とはどんなものか、正しく理解されていないからだと遠慮なく言うぜ。

「そうだ、私は信念というものを知っているつもりでいたけれど、言われてみるとわからないなあ」と思わないかい？

ただ、「ああなりたい」「こうなりたい」じゃいけないんだよ。

「ああなりたい」「こうなりたい」ことを、ひとつの現実の絵にして自分の心の中に描かなきゃいけないんだ。そうしてそれを絶え間なく、オリンピックの聖火のように、絶えず燃やし続けるんです。

中には、へそを頭につけるような笑えないような滑稽《こっけい》なことを考えてる人もいるでしょう。あるいは真面目に、自分の人生にそういうものが実現できたら、どれだけ自分だけでなく世の中も良くなるだろう、というような宿願をもってる人もいるでしょう。

しかし、あなた方の宿願のおおむね多くは、向こうから逃げられちゃってる。たんにあなた方は、「ああなりたい」「こうなりたい」という炎がただ燃えっぱなしで途中で消えてるんです。

それでそれが人生だと思ってるから、べつに我慢してるわけじゃない。**はなからどうにもならないもんだと思って、諦めるつもりはなくても諦めなきゃならないから、「まあ、しょうがないな」と思って生きてる**というのが、あなた方の現在だろ？

人生の一切を完成せしめるゴールデンキーは、想像という心の作用にバイブレーションをかけて信念の力を強固にすることなんです。

よくお聞きなさいよ。

信念というものは、ただ一心に積極的に、馬車馬的に、がむしゃらに、その事の成就なり、成功なりを強烈に心の中に思念《しねん》することじゃないんです。そういうのは強情っぱりと言うんだよ。

いいかい。本当の信念という階級の高い心は、否定や肯定から超越したものなんです。否定や肯定という気持ちは相対的なもの。イエスとかノーとかを心の中で考えてるあいだは、その心は相対的なんです。

信念のある人間は、病にかかろうが、運命が悪かろうが、良くなるも良くならないも思ってませんよ。

信念の中には、否定も肯定もないんだ。

「為せば成り、為さねば成らぬ、何事も、成らぬは己《おの》が為さぬためなり」

成るとか成らないとかってことを心で考えるな。為せば成り、為さねば成

らないんだ。成るも成らないもあるか。為せばいいんだよ。

自分の理想像をイメージすれば、ブレない心がつくられていく

天風さんは、ただ漠然と「ああなりたい」「こうなりたい」と思うのではなく、その姿を明確にイメージしなさいと言っています。ここで言う「なりたい自分」は、スポーツ選手とか、獣医さんとか、ケーキ屋さんなどといった、将来の夢や目標（なりたい職業）ではありません。あなただけの固有の理想の姿ということです。

「○○みたいになりたい」と他人の影響を受けるのは、決して悪いことではありません。でも、それに当てはまらないことがあったからといって、すぐに自信を失うのはよくありません。あなたの人生はあなただけのものであり、他人がどうしたからといって損なわれるものではないからです。

信念とは、肯定も否定も超越したものです。たとえば、「目的の階にたどり着けないんじゃないか」と思いながらエレベーターに乗る人はいないと思います。それと同じように、目標に向かうときにも、「たどり着けるかどうか」と思う余地なく、「疑わない心」を持つことが大切なのです。

それができる人は、何が起こっても動じることはないし、心の中で激しい波風が立つこともない――天風さんはそのように説いているのだと思います。

「入り口のない
ところに
出口はない」
いい言葉だぜ

あなた方の生きてる周囲を見てごらん。

あなた方の目に触れる、自然創造物以外のすべての一切合財《いっさいがっさい》は、人間の心の中の思考から生み出されてるものばかりでしょ。自然のもの以外は、人間のつくったものなんです。

そうだとわかれば、あなた方の一生も、あなた方の心の中の考え方で、良くも悪くもつくり上げられるもんだということが、すぐわかりゃしませんか?

あなた方の心の中の考え方や思い方が、あなた方を現在あるがごときあなた方にしてるんですぜ。

病を患《わずら》ってる人なんか腹が立つだろうね。

「冗談言っちゃいけねえぜ、天風さん、俺はなにも現在のこの病を俺の心でつくったんじゃないよ。俺を診てる医者に聞いてみろ」って。

私から言わせれば、医者なんかになにがわかるかい。**医者はただ病の状態を見てるだけじゃねえか。**

大きな家をつくろうと思ったって、土台が完全に敷《し》かれないかぎり、どんな立派な設計だけしたって、大きな家はつくれません。土台を考えないでいて、家の構造ばかり考えたって、その家は住むに耐えられない家になっちまうでしょう。人生またしかり、であります。

常識で考えてごらん、**「入り口のないところに出口はない」はずです。いい言葉だぜ、**こういうのを本当の哲学的な言葉って言うんだよ。入り口のないところに出口はない。

私がよく、人の心はその人をつくりもし、また壊しもすると言うのは、その理由があるからなんだ。

因果関係のしくみを理解すれば、やるべきことは見えてくる

世の中に存在する自然創造物以外のものはすべて、人間の心によってつくり出されていると天風さんは言っています。

これは、起こる出来事にしてもしかり。すべての結果には原因があり、その原因は人間の心の中に存在すると考えます。それが自分に関係することであれば、自分以外の誰かの心の中に原因があるのではなく、自分自身の心の中にあるというのが、天風さんの哲学です。

立派な家が建つのは、しっかりした土台が敷かれているから。土台がないのに、突然家が出現することはありません。「入り口のないところに出口はない」とは、まったくそのとおりです。

しかし、私たちは時にそれを忘れてしまいます。たとえば、自分にとって不都合なことが起きたとき、反射的に「誰々のせいだ」「環境のせいだ」などと思ってしまったことはないでしょうか。必要以上に自分を責めるのはいけませんが、他責にばかりしていては、本当の解決策は見えてきません。

そんなときはぜひ、心の可能性を思い出してください。私たちの心は、この世に存在するモノやコトを、つくることも、壊すこともできます。まずは自分自身が、いい結果を生みだす出発点となれるように。心を強く正しく、清い状態にすることが入り口だと、天風さんは教えてくれます。

燃やさなきゃ
駄目だよ。
燃えない火は
熱くないんだから

自分で自分の心の中をのぞいてごらん。あなた方の心をジーッと自分で洗ってみてごらん。遠慮なく言うと、まず他人のためなんていう心持ちよりも、自分のためばっかり考えていやしないかってこと。チョイと電車にひとつ乗るんでも、バスにひとつ乗るんでも、他人なんかどうでもいい、自分がというような気持ちが先にでやしないか。

しかし、それじゃあ駄目だぜ。人間に与えられた使命というものを貫徹《かんてつ》することはできないぜ。進化と向上という使命ね。

人間そのものがこうして生きていられる場合に与えられた恩恵の数々を感謝して考えてみたら、どうしても人の世のために尽くさずにいられない、という気持ちがでやしない？　どう？

万物《ばんぶつ》の霊長《れいちょう》に生まれたばかりに、なんでもかんでも、ただ自分のものにして、それで、

「冗談言っちゃいけませんよ、先生。あなたはいろんなものを他人がもって

くるから、ただのように思うかもしれませんが、私は何一つただでもらったことはない」って言う。

本当かい？　**よく考えてみろよ、みんなただじゃないか。**まだわからない？　昔の話で話そう。

昔、ひな祭りに使う桃の葉は、子どもが山に入って、小枝をちぎってきて、荷かごにのせて、それで歩いたものなんです。「桃の葉あ、桃の葉」って。

するど、後ろから来た魚屋が、

「おい、小僧、小僧、その桃の葉くれ」

「あ、そう、ありがとう。一把《わ》三文《もん》」

「三文？　銭を取るのか」

「これ売ってるんだよ、いま俺」

「この野郎、ふてえちきしょうだ。そら、裏の山から取ってきたんじゃねえか。ただでくれ。ただで取ったものはただだ」

「あ、そう。そら知らなかった。おじさん、ごめんよ。ただで持ってきたものはただか。じゃあおじさんが持ってる魚、ただでくれ」

「ばか！　これはただじゃねえ。問屋から俺が銭をだして買ってきたんだ」

「あ、そう。問屋はどこから取ったんだ？」

「問屋は漁師からじゃい」

「漁師、どこから取ったんだ？」

「ばか、漁師は海だい」

「ただじゃねえか。もとはただじゃねえか。ただでくれ」

　こういった話がある。


　あなた方の身がわりに、あなた方を生かすために、あの獣《けもの》を殺し、この魚を殺し、声のだすことのできない菜っぱや大根まで殺して食ってるじゃないか。何にも苦情言わないぜ、むこうから。

　当たり前だと思ってるんだ、あなた方は。魚一つ食べるときでも、心の中で、「ありがとうございます」と言って食べてる？　あなた方。

こういうことを考えるとき、ああ、ありがたいと思うはずだがなあ。その気持ちになってごらん。**本当に自分の気持ちが自分で抱きしめたいような尊さを感じる。**

箱根山　駕籠《かご》に乗る人かつぐ人　そのまた草鞋《わらじ》をつくる人

自分一人が満足して、自分一人で、やれ、うれしいの、悲しいの、やれ、楽しいの、偉いの、俺は悟ってるの、悟らないの、何だのかんだの、滑《すべ》ったの、転んだの、これは自分一人、他と区別しちまってるからです。

他人のためということから入っていかなきゃ駄目だ、やっぱりね。

そのような人間になる情熱をお燃やしなさい。**燃やさなきゃ駄目だよ。燃えない火は熱くないんだから。**

自己満足で完結していたら、真の幸福を手にすることはできない

自分のことを大切にし、信念をもち、正しいと思った道を進むことは大事です。

しかしここで、大きなことを見落としてはいけません。それは、自分さえよければ他人はどうでもいいというわけではない、ということです。自分の信念を貫くことと、他人への配慮を怠ることは別問題。世のため人のためという精神があってはじめて、自分のことを大切にすることができるのではないでしょうか。

自分は欲しいものを手に入れて、満足していたとしても、すぐ近くにいる人が困っていたり、悲しんでいたりしたら、真の幸福は得られるでしょうか。それは難しいと言わざるを得ません。周りの人も含めて、全員の幸せを考えて行動することによって、自分も幸せになれます。本当の幸福は、「他者のために」という精神にこそあるのだと思います。

他人への思いやりと感謝の気持ちをつねに心に携《たずさ》え、それをどんどん大きくしていきたいと考える人が一人でも多くなれば、それに比例して争いごとは減っていくでしょう。

「時きたらば
着く」
ぐらいの気持ちで

インドで「どんな病人でも、ようく寝てるあいだは何の苦痛もないんだ。病体であろうと、健康体であろうと、ようく寝てる、前後も知らないときは何もわからないんだ。それと同じ気持ちを不健康のときももったらどうだ、昼間。それをできないと言ったかぎりにおいてはあくまでもできないよ。できないこともやってみるという気持ちが継続されると、一つの理想になる」と、カリアッパ先生に言われて、

「ああ、そうか。俺は朝から晩まで現在の病の姿ばっかり、念頭から離れなかったんだけど、それがいけないいか。颯爽《さっそう》として健康美を発揮したときの状態を心に描け……ああ、そうか」と思った。

あなた方があなた方の人生に何か不足なところがあって、もっとそれを完全なものにしたいと思うことがあるんなら、**いちばん手っ取り早く、それが自分のものになった姿を理想のうえに描きだす**ことなんだ。体が悪い状態をしょっちゅう考えないで、もう治った健康な状態を自分の理想の姿のうえに描かなきゃ駄目だよ。運命またしかり。どうだい？

健康のことでも、運命のことでも、まだなかなか病がよくならないとか、まだなかなか運命がよくならないとかというふうな考え方をしちゃ駄目なんだよ。それが焦りというんで、駄目なんだよ。

たとえば、これから東京に行こうとするときに、まだ着かねえ、まだ着かねえという気持ちで歩いてるときと、悠々として、**時きたらば着くという気持ちで**歩いてるときと、同じ歩いてる場合でも、その歩くことに対する人間の気持ちの中に、天地の相違があるだろう。

だから、理想はよしんばその理想するところに到達しなくっても、絶えずその理想へ意志するということ——いい言葉だな。絶えずその理想へ意志するという気持ちを変えないことが、その人生を尊く生かすことになるんだ。

これがわからなきゃ駄目だよ。いいかい。今の東京行きで話してみよう。東京へ行こうと思って、東京へ向けて出発したときは、**いつか東京へ着くに**

決まってるんだから、もう東京へ着いたときと同じ気持ちをもってりゃいいと、こう言うんだよ。これは非常な哲学だぜ。

理想するところへ到達しなくても、絶えずその理想へ意志するということが、その人生を尊く生かすことになるんだ。

だから、変えちゃいけないんだよ。東京へ行こうと思って歩きだして、ああ、**なかなか着かないからといって止まっちゃったり、あるいは引き返しちゃったら何にもならないだろう。**

やることをやっているのなら必ず目標に近づいているから大丈夫

思ったとおりに進まないとき、なかなか目標を達成できないとき。うまくいっている人と比べたりして、焦ってしまうかもしれません。ですが、早々に諦めてしまうのではなく、「すでに叶った状態を心に描きなさい」と天風さんは教えてくれます。

焦ったところで、状況は変わらないのです。それどころか、不必要なマイナスの感情を全身にめぐらせることによって余計なストレスを生むという、事態を悪化させる方向に導いてしまうこともあるでしょう。であれば、叶うことはもう決まっているのだから、落ち着いて、一歩一歩足を進めていけばいいのです。

ただし、楽をしていいということではありません。目標に対して、真剣に自分にできることをやるのが大前提。そうして着実にやっていけば、「時きたらば着く」ということです。

たとえ実現することが難しい理想に対しても、同じスタンスを貫くことが大切です。難しいからといってひるむのではなく、すぐできないからと諦めず、理想を描いたのならただ進む。達成できていないのは、「まだ」できていないだけです。あくまでもその道の途中であるという意識をもって、絶えずその理想を目指す姿勢こそが大切なのです。

第4章

自分の心を取り戻していくための習慣

消極的な言葉を
使う人間は、
悪魔の仲間入りを
してるのと
同じなんだ

「困った」「弱った」「情けない」「悲しい」「腹が立つ」「助けてくれ」「あいつが嫌いだ」「もうどうにもならん」というような、勇気も出なきゃ、気分も引き立たないような言葉を平気で使ってないかい？

絶対に消極的な言葉、否定的な言葉は口から出さないこと。そのためには、**「自分は消極的な言葉を知らない」**っていう人間にならなきゃ駄目だよ。なんにも知らないというのがいちばんいいんだ。知らなきゃ話せやしないんだから。**ここに人生を勝利に導くシークレットがあるんだぜ。**

極論《きょくろん》すると、言葉にはクリエイティブパワーがあるんだ。人生を良くも悪くもするクリエイティブパワー。

だから、いやしくも人を傷つけるような言葉や勇気を落とさせるような言葉、または自他を失望させるような言葉、あるいは憎んだり、悲しんだり、怒ったりするような言葉を使うと、崖に石をぶつけりゃ跳ね返ってくると同じように、ただちにあなた方の人生に返ってくるんです。

いくら見かけが万物《ばんぶつ》の霊長《れいちょう》たる人間に見えても、口から出る言葉が、呪《のろ》いの言葉であり、悲しみの言葉であり、怒りの言葉であり、本能や感覚の感情本位の言葉であるとき、その人は形は人間でも、その心は知らずして悪魔の仲間入りをしてるのと同じなんだ。

やれ世の中が濁《にご》ってるとか、いくら努力しても世の中は良くならないとか、そんな大きなことを考えなくたっていいんだよ。**せめては、自分の住む世界の周囲だけでもきれいなものにしようという気持ちで生きましょうや。**

自分の生きてる周囲だけでも自分の力できれいにしていく、という心がけを一人ひとりがもてば、十人いれば十人の、百人いれば百人の、千人いれば千人の、その周囲はきれいな世界ができるわけだろ。

私は、どんな場合があっても、聞いてて、あなた方があなた方の心を暗くするようなことを、私の口からけっして言いませんよ。それは、私は**あなた方の心に、魂《たましい》に、毒薬を飲ませたくない**からですよ。

消極的な言葉は
相手の毒にも
自分の毒にもなる

積極的な姿勢、積極的な生き方を推奨する天風さんは、言葉についても積極性を求めています。それは裏を返すと、消極的なことを言ってはいけないということです。

悪口、嫌み、誹謗《ひぼう》、中傷、泣き言。これらはすべて毒であり、自分と他人の心に害を与えるものと天風さんは考えます。そういった消極的な言葉は、発している自分自身や、聞いている相手の心持ちを汚し、まさに毒薬のように人生も健康も悪くしてしまうからです。

天風さんが今の時代にいたら、真っ先にSNSの使い方について指摘するでしょう。ネット掲示板やネットニュースのコメント欄を見たら、あきれ果ててしまうかもしれません。無限に広がるインターネット上の空間は、他人を罵《ののし》り、蔑《さげす》み、嘲笑し、非難する、汚い言葉であふれ返っています。

特定の誰かを指していなくても、知り合いは誰も見ていないだろうと思っても、消極的な言葉を発したり、書き込んだりした時点でアウト。面と向かって相手に罵詈雑言《ばりぞうごん》を浴びせるなどもってのほかです。自分の品位を保つためにも、脳内に存在する消極的な言葉を、少しでも多く忘れるようにしていきましょう。

恐怖は
人生のページから
キャンセルしなきゃ
いけないんだ

恐れるということは、自分の観念の中に描いた絵に、自分が恐れるということなんだ。もっとわかりやすく言うと、**自分の心に描いたお化けに自分が怖がっている**ということなんだ。もっともそのことに気がつかないで、やたらめったら恐怖のほうから考えることが、なにか用心深い人間であるかのように考えていやしないかい？

本当に価値の高い意義ある人生に生きるのには、**恐怖観念を自分の人生のページからキャンセルしなきゃいけないんだ**。それが人生に戒《いまし》めるべき、なにより必要な鉄則です。

立派な建築物を造るのに、まず必要なものは、完全な設計だね。立派な人生をつくるのも、これと同様だ。人生設計の中から、恐怖というものを取り除かないと駄目なんです。**心にけちくさい設計や想像を描いて、人生に豪華《ごうか》絢爛《けんらん》な現実が生まれてくるはずないじゃないか。**

「俺というものは、なんでこう弱いんだろう?」「俺は結局、一生こうして苦しめられながら、終わってしまうんじゃないか」なんてくだらないことを考えている人は、もうなにごとに対しても恐怖の観念が先になってしまってるからいけない。

そうすると、あたかも約束したように、不健康や不運が苦い形ではっきりと、その人生にあらわれてくるんだから。**写真のピントの合わせ方が間違って人生を生きてるんだから、うまくいくはずがありませんよ。**

石橋を鉄《かね》で叩いてるような、薄い氷の上をおっかなびっくり渡ってるような人生を生きてたら、そのままあなた方の人生は萎縮しちまうぜ。空気の抜けた風船みたいになっちゃう、どんなに学問しようが、どんなに経験つもうが。

結局、当たって砕けろです。**ベストを尽くして行きさえすれば当たっても、向こうのほうが砕けちまう。こっちは砕けないもの。**

失敗を恐れて挑戦をやめてばかりいたらちっぽけな人生になる

人間が生きていくうえで、恐怖心というものは必要です。超高層ビルの上層階や橋の上などの危険な場所で、命綱をつけずにパフォーマンスをするYouTuberが落下して死亡したというニュースは、世界のあちこちから聞こえてきます。恐怖心が完全に麻痺《まひ》している人は、いつかどこかであっさりと命を落としかねません。

しかし、ここで天風さんが指摘している恐怖は、別の種類のもの。失敗を恐れて消極的になってしまう姿勢と考えればいいのではないでしょうか。チャレンジする精神を失った状態と表現してもいいかもしれません。

安定している今の会社を辞めて、自分が本当にやりたい仕事のできる会社に転職する。

スポーツやゲームで、格上の相手に試合を挑む。

いずれも、挑戦する前には「失敗したらどうしよう」という恐怖がともなうかもしれません。でも、その恐怖にとらわれすぎて挑戦するのをやめたら、ちっぽけな人生になってしまうと天風さんは言っています。慎重な性格の人でも、時に「当たって砕けろ」の精神で、前に進んでみましょう。

闇は光が照らせば
消えるだろ？

今、我が心の中に、なにかの悲しみはないか、怒りはないか、憎しみはないか、妬《ねた》みはないか、恐れはないか、悶《もだ》えはないか。自分の心の思い方、考え方を観察するんです。

ご注意したいことは、感情で検査しないことです。消極的な気持ちがあると、それに左右されちまって、正当な心の検査ができない。**自己本位ではなく、第三者の心になったつもりで自分の心を冷静に観察する**んです。

こう言うと、難しく思う人もいるかもしれないけれど、けっして難しくはないんだよ。尊く、正しく、清らかで、自分で抱きしめてやりたいような純真な心で、自分の心が積極的か、それとも消極的かということを見極めればいいんだ。純真な心には不公平も屁理屈《へりくつ》もないんだから、鏡に物を映したと同じように我が心が見えるんです。

そして、少しでも心の中に積極的でない消極的なものを感じたならば、それを断然、**颯爽《さっそう》たる勇気をもって、心の中から追い出すんです。**

消極的になったときには、「しまった」というふうに思っちゃいけない。そう思うと心はますます暗くなる。そういうときには、それを相手にしないで、気持ちを積極的なほうへ取り換えちまえばいいんだ。消極的な心持ちは「本当の自分が考えているんじゃない」と否定しちまえばいいんだよ。

インド哲学では心が暗くなることを、「悪魔が尊い心の宮殿《きゅうでん》に踏みこんできた」と言ってるんです。

闇は光が照らせば消えるだろ？

消極的な心にはかかわらないで、積極的なことを心の中にもち込む努力をするんだ。反対のことをすればいいだけなんだよ。

「消極的になりかけてるぞ」と感じたら、「これは本来の俺の心ではない、俺の心の宮殿の中には置かないぞ」と、戦うつもりで努力してごらん。

一度や二度では成功しないんだよ。人間の心には習慣というありがたい特殊な性能があるんだから、**倒れたら起きろ、転んだら飛び上がれ**っていうふうにやっていると、我々の心は積極的に変わるんだからね。やってごらんなさい。

マイナスの感情は手元に置かず、ぱっと手放すこと

あなたがいかなる精神状態のときでも、つねに客観的に自分の心の状態を見るようにしましょう。感情的になってしまうと、本質的な部分が見えてこないことがあります。とくに正当なジャッジの邪魔をするのが、怒り、憎しみ、妬《ねた》みといったマイナスの感情です。

心がこれらに支配されていると、さらによくないことを考えて、自分を見失ってしまいかねません。天風さんの生きた時代にこんな言い回しはなかったでしょうが、今の人たちにわかりやすくいうと“負のスパイラル”にはまった状態。自分や相手に対して嫌悪感を抱き、それに怒りや苛立《いらだ》ちを覚えると、嫌な部分しか見えなくなってしまいます。

そんな自分に気づいたときこそ、冷静になり、客観的になり、自分の中にあるマイナスの感情を心の中から追い出してしまおう――これが天風さんの教えです。

誰だって過ちを犯したり、ミスをしたり、消極的になったり、マイナスの感情を抱いたりします。大切なのは、それにとらわれないことです。起こってしまったこと、済んでしまったことにこだわっていると、前に進むことはできませんし、心に立ち込めた暗雲を取りはらうこともできません。失敗したと思ったら、またやり直せばいいじゃないですか。

「私はこの世でいちばん純真だ」と嘘でもいいから思え

苦労のなかには三通りある。過ぎ去ったことを思い返して苦労する苦労、これは死んだ者の年を勘定《かんじょう》するようなもんだ。ああ、あのときあの財布《さいふ》を拾っときゃよかったなんて思うのは、これはどうにもしょうがない苦労だ。それから現在苦労。たった今の人生に対する苦労。

いちばんいけないのが取り越し苦労だ。「ああ、この分でいくと、この病、治らない」とか、「内緒でためてるあの貯金どうなるだろう」とかいうようなことを考えるのが、取り越し苦労だよ。これは想像作用の悪用だ。

善用しなきゃ駄目だよ。善用するには、程度の高級なものを組み立てるようにしてごらん。程度の高級なものを想像するようにするんだよ。自分の心のもつ想像作用を悪用すると、自己というものを惨《みじ》めなものにしてしまうんだよ。

第一、この想像作用というのは、何の制裁も与えられないからね。**観念の世界は自由なんだから。何を思ったっていいんだから。**おまえ、そんなこと思っちゃいけないよと言ったって、直接に法律にふれる気遣《づか》いはないもの。

だから、俺はこの世の中でいちばん気高《けだか》い人間だ、俺はいちばんこの世の中で心のきれいな人間だ、私はいちばんこの世の中で純真なんだ、私はいちばん善人なんだ、こう思いなさいよ。**嘘でもいいから思え。**それをしょっちゅう思い続けていくんだ。そうすると、善人が悪いことはできないはずだ。純真な人間は不純潔なことはできないはずだろう。

現在ただいまから、「きっと偉くなれる。いや、もう偉いんだ。俺はもう世界一すぐれた人間なんだ。それに磨きをかけてんだ」と、こういうふうに思わなきゃ駄目なんだよ。想像の標準を高くおくの。

自惚《うぬぼ》れちゃいけないよ。信念があったら自惚れにならないはずだからね。そうすると、その想像の作用がグングンあなた方をすぐれたものにするんだぜ。

気高いものが自然と自分の心の中にあるんだから、出てくるよ。

もうさんざん人生を値打ちのないものにするほうはしたんだから、今度はもう気高く磨きをかけようや。

未来を想像するのなら、できるだけいいことや楽しいことを

「言うだけならタダ」や「想像するだけならタダ」といったようなフレーズを耳にすることがあります。仮に実現不可能と思われることでも、駄目もとで相手にお願いしてみたり、自分でできると思ってみたり、という行為はお金がかからない（自分にとってマイナスにはならない）ので、とりあえずやってみればいい——そんな意味が込められています。「そんなことをしたって無駄でしょ」と思う人もいるかもしれませんね。

その一方で、「嘘から出たまこと」とも言われます。ありもしないことや、嘘のつもりで口にしたことが現実になることを意味することわざです。事実は小説より奇なり。みなさんも、考えもしなかったことが目の前で起こったという驚きの経験はあるでしょう。

同じ想像なら、悪いことよりもいいことを考えたほうがいい。想像するだけならお金はかからないし、罪にも問われないのですから、好きなだけいいことを想像したほうが、人生は楽しいし、どんどん理想に近づいていくことができるかもしれません。

悪いことや嫌なことを想像しても、ただ気持ちが暗くなっていくだけです。大げさでもいいから、いいことや楽しいことばかりを頭に思い描いてください。

真剣に言った
その刹那だけは、
理想どおりの
人間になってるんだ

始終、自分の心の中の欠点を自分が見てやんなきゃいけない。自分の運命を傷つけ、自身の健康を破壊するような理想や観念が私にあるかしら、ないかしらを容赦《ようしゃ》なく自分で厳密に検査するんです。なかなかそれをしないよ、あなた方は。

ばかじゃないかぎりは、自分の欠点を知らない人があろうか。

誰でも自分を弁護したい気持ちになるだろうけど、深夜静かに自分の胸に手を置いて考えてみると、「あぁ、私はまだこれじゃいかん」と思うだろ。できてないと思ったら、自分を改造していくんだよ。

私自身、負け惜しみの強い、意地っ張りな人間だったけど、インドに三年いて、いよいよインドを去るときに、こう思った。

年にいっぺんイギリス王室に呼ばれるような偉い先生に教えを受けたんです。ですから、私がわがままな人格のままであったら、自分自身を侮辱《ぶじょく》したことになると同時に、カリアッパ先生をも侮辱し、真理というものを蹴倒《けたお》したことになりゃしないかと思ったんだ。

心を統御《とうぎょ》するために、人のいない所で自分自身に聞こえるようなつぶやきでもって教訓を与えてやるんです。声に出して言うと、自己暗示となって非常に効果があるんだ。また自分が言った言葉に対して、無責任なことはできなくなる。

たとえば、ちょっと取り乱して、人に嫌なことを言ったとか、腹が立ったようなときに、自分に言い聞かせてやるんです。鏡の前に行って、**「駄目よ、もっと穏《おだ》やかな心を出さなきゃ」**って。

それからもうひとつは、人と話すとき自分の言葉をうまく応用するんです。

たとえば、相手が煩悶《はんもん》しているとき、

「あなたね、そう言うけど、私ならこうするわよ」

と、自分ができなくても理想を言うんです。これは嘘でもいいから言うんです。

消極的になっている人に同調するんではなくて、「しっかりなさいよ」と、その人を激励するとともに、自分の魂にも激励するんです。

そうすると、水が濁《にご》ってる中に、ミョウバンを入れりゃ水が澄《す》むと同じように、濁っていた心の中も澄むんです。

自分を優《すぐ》れた人間だということを声に出して言うと、自己暗示となって非常に効果があるんだ。また自分が言った言葉に対して、無責任なことはできなくなる。つとめてしないと思わなくても、魂がさせなくなるという、ありがたいところがあるんです。

だから言葉は、常に自分の理想とする人格を言い表すことに努力してごらん。

ただし、この場合の最大の注意は、その言葉に真剣な気持ちが集中されなきゃいけないよ。

真剣な気持ちで言った、その刹那《せつな》だけは、理想どおりの人間になってるんだ。ここにコツがあるんだよ。想像もそこまで徹底すると、現実化する可能性が生命の中に沸騰してくるんです。

郵 便 は が き

切手を
お貼りください

105-0003

（受取人）

東京都港区西新橋2-23-1
3東洋海事ビル
（株）アスコム

またうっかり、
自分を後回しにするところだった

読者　係

本書をお買いあげ頂き、誠にありがとうございました。お手数ですが、今後の出版の参考のため各項目にご記入のうえ、弊社までご返送ください。

お名前	男・女	才
ご住所　〒		
Tel	E-mail	
この本の満足度は何％ですか？		％
今後、著者や新刊に関する情報、新企画へのアンケート、セミナーのご案内などを郵送またはeメールにて送付させていただいてもよろしいでしょうか？ □はい　□いいえ		

返送いただいた方の中から**抽選で3名**の方に
図書カード3000円分をプレゼントさせていただきます。

当選の発表はプレゼント商品の発送をもって代えさせていただきます。
※ご記入いただいた個人情報はプレゼントの発送以外に利用することはありません。
※本書へのご意見・ご感想およびその要旨に関しては、本書の広告などに文面を掲載させていただく場合がございます。

●本書へのご意見・ご感想をお聞かせください。

ご協力ありがとうございました。

相手のことを本気で想っていれば、時に嘘も許容される

「あんなことを言わなければよかった……」
「どうして、あんな態度をとってしまったんだろう……」
そうやって、後悔したり、自責の念に駆《か》られたりした経験は、誰にでもあると思います。あるいは、今の自分自身に不満を覚えることもあるでしょう。でもそれは仕方のないこと。完璧な人間など、この世に一人もいません。

もし、マイナスの思考になったときは、一度深呼吸をしてみましょう。そして、自分の心を積極的な方向に向けるための言葉を口にしてみましょう。「こういう考え方は駄目だ。私はこうなりたい！」と。

そうすれば、自分の発言が自己暗示となって、そこから責任感が芽生えて、効果を発揮します。もちろん、取り繕《つくろ》った言葉ではなく、心からの本音でなければ意味がないことは、言うまでもないでしょう。

基本的に嘘はいけませんが、例外もあると思います。それが許されるのは、消極的になっている相手を慮《おもんぱか》って言葉をかけるとき。助けたい、励ましたいという、真剣な気持ちを強くもっていれば、「嘘も方便」が成立するのです。

本気の言葉に勝るものはありません。

青色のめがねを
かけてりゃ、
人はみんな
青く見えるよ

私の前に座ってる人たちは、立派な社長級のお人のように見えるけれども、一皮むいて、その人の心のありさまを見ると、形だけが人間で、人間らしくない人がそうとういやしないかと思うんだ。

そういう人にかぎってね、病のときはもう苦労する、心配する、事業の蹉跌《さてつ》に対しても懊悩《おうのう》、煩悶《はんもん》、夜もろくろく寝ないというようなばかなことをやって、そうして多々益々《たたますます》トラブルを大きくすることを知らずにやっている、人間の格好していながら、人間らしくない態度をとりますよ。

それでまた、そういう人間にかぎって、他人のこととは違って、自分の健康や自分の運命に関することを心配しないばかがあるかと言うけど、**心配するほうがばかだ。**

どうです？　今の言葉は。「へぇー、この天風という人は俺たちの考え方と全くあべこべじゃねえか。心配するのがばかで、心配なことを心配なことを心配しないほうが利口だというんだ」――そらそう思うでしょう。**青色のめ**

がねをかけて見ていりゃ、人はみんな青く見えるもんな。

結論的にいうと、**人間が人間らしい気持ち**になりさえすりゃいいんだよ。人間がね、人間らしく生きるとすれば、病も不運もこないんですよ。いつも言うでしょう。病がでたり、不運がきたら、あっ、これが人間と生まれながら、人間らしく生きていない第一警報だなと思えと。私はしょっちゅうそう思う。自分が頭痛ひとつしても、あっ、またぞろ俺は人間のレールを踏みはずしたなと。

凝り固まったイメージが、本質を見るのを妨げているかもしれない

偏見をもっていたり、先入観にとらわれたものの見方をしたり、という行為や姿勢のことを「色めがねで見る」と言います。天風さんはこれを「青色のめがね」という表現にたとえ、「そんなことをしていたら、いつまで経っても物事の本質は見えませんよ」と伝えています。

みなさんも、何らかのバイアスがかかって物事の本質を見誤ってしまったという経験はあるのではないでしょうか。たとえば、派手な見た目で「自分とは合わなそうだな」と思った相手が、実は話してみたらとても気が合って、今ではすっかり心が通じ合う親友になったり。クチコミがほとんどないレストランにおそるおそる入ってみたら、びっくりするほど美味しかったり。それらは、色めがねを外すことができたからこそ、経験できたことだと思います。

周りの意見や世間の評判が、必ずしも本質を示しているとは限りません。私たちはそれぞれ、この世にたった一人の存在です。だから、他の人の感想があなたにぴったり当てはまるということはないのです。

ぜひ、自分の目で見極めるということを習慣にしていきましょう。きっとそれが、天風さんの言う「人間らしさ」につながるのだと思います。

生まれたての
赤ん坊に
なって来いよ

おまえの助かる道を教えてやる。と言われてカリアッパ先生についていったけれど、二月《ふたつき》たってもいっこうに教えてくれない。

「いつごろから教えていただけるでしょう」

「私はね、ここへ着いた明くる日からでも教える準備ができてる」

「ええっ。私もまた着いた日から教わる準備ができてるんで……」

「おまえ、水を飲む器に水を一杯ついでおいで」

そうしたら、

「湯をもってこい」、言われるままに、湯をもってきた。

「その上につげ」

あんまりばかばかしいことだからね、私、こう言ったんですよ。

「このお国ではどう考えてるか知りませんが、文明の民族は、いっぱい入ってる水の上から湯をつぎますと、こぼれるということを知っております」

しゃくにさわったから。これが、私の悪いくせなんだ。私は文明の国民だとしょっちゅう腹の中に思ってる。だから、皮肉なことを言っちゃった。

そうしたところがね、「それを知ってるのか」と言いやがる。

「おまえの頭の中はなあ、私がどんないいことを言っても、ほら、この水のいっぱい入ってるコップと同じような状態で、そいつをみんなこぼしちまう。いつになったら水をあけてくるかな、水をあけて、それから後《のち》にお湯をつぎ込んでやりゃ、お湯がいっぱい入るなと思ってるんだが、水をあけてこない。おまえの頭の中には今までの役にもたたない屁理屈《へりくつ》がウーンと入ってるじゃないか」と。

あ、なーるほど、こいつは一本まいったと思った、私。まさに確かにそうなんだ。俺のいま考えていることは非常に価値の高いことだと、こういうふうに思っていたから、どんなことを聞いても、ああ、そうですかと、**無邪気に受け入れる態度が、心の中にできていなかったのであります。**

そうしたら先生はニコッと笑って、「よし、わかったようだな。じゃあ今夜から来い。**生まれたての赤ん坊になって来いよ**」――いい言葉ですね。そして、残る二年七か月は、いちばんの大事なことを教わったんであります。

先入観や決めつけが、人間としての成長を妨げてしまう

　口うるさい両親、理屈っぽい先生、パワハラまがいの命令をしてくる上司、デリカシーのない発言が目立つ友人。こういった人たちに頭を悩ませている方は多いでしょう。わからず屋、老害、無知、別の生きものなどなど、最初から「こういう人」と決めつけて、距離を置こうとしている方も少なくないと思います。

　では、彼らの思考はすべて間違っているのでしょうか？

　彼らから学びとれることは何ひとつないのでしょうか？

　そんなことはないでしょう。あなたよりも長く生きている人、あなたと違う価値観を有している人は、あなたがもっていないものをたくさんもっています。話を聞いてみて、「やっぱりこの人のいうことは理解できない。相容《あいい》れない」と感じることがある一方で、「なるほど。言われてみれば……」と気づきを与えてくれることもあるかもしれません。

　たとえ苦手だなと思っている相手の言葉でも、それをあなたがどう判断するかは、話を聞いてからでも遅くないと思います。赤ん坊のように、無邪気に、リラックスして、他人の言葉に耳を傾ける姿勢をつくることで、案外自分に役立つものが得られるかもしれないのです。

肉体の病は
肉体のもの。
心にまで
迷惑をかけるな

病になって、自分に愛想が尽きるくらい気が弱くなっちゃったんです。絶えず自分で自分の脈を取る、体温を測る、思っちゃいけないと思っても気になって気になって、実に情けないほど神経過敏になっちまった。

死に対する恐怖感のしこりをどうしても取りたくて、「この人だ」と思える人には、片っ端から人生への考え方を尋ね歩いたんです。だが、世界中どんな人に会って話を聞いてみても、「ああ、そうか」と思うようなことを聞かせてくれる人がいなかった。

それで結局、「もう駄目だ」と失望して、祖国に死にに帰る最後の旅で、偶然の縁でもって、カリアッパ先生に会ったんです。

先生に、

「病から心が離れたときは、病があっても、その人は病人じゃない。ようく寝てる人間は何にも知らない。何にも知らない人間に病があるか。目がさめて、ああ、病がある、と思うんじゃないか。たとえ病がないときでも、病のことを心が考えりゃ、病があるのと同じだ。そのくらいのこと、おまえさん、改めて私から聞かなくたって、もうわかってるはずだ。

とにかく人のことじゃないぞ。自分のことだ。すべてが心だ。だから、**肉体の病は肉体のものにして、心にまで迷惑をかけるな**」

そう言われて、涙がボロボロでたんだ、私。

人間の生命を解決するには、肉体だけでは駄目だ。心と肉体が打って一丸となったものが生命である以上、その見地に立って、生命の生かし方を研究しなければ駄目だ。というのが、私の思想の根本をなしているのです。

どんなに慌《あわ》てた人でも、「俺は体ばっかりで心がない」という人もなければ、「俺は心ばっかりで体がない」という人もいないでしょう。

静かに考えてみれば、命は心と体が打って一丸《いちがん》とされたものであるということに気がつくんですが、そう言われないかぎり、改めてそう考える人は少ないもんです。

翼が二つあるから飛べる鳥が、片方の翼だけを動かして、両方の翼を動かすのと同じように飛べるか飛べないか。車で言えば、右側の車輪を回さずに左側だけを回して、はたして運転ができるかどうか。

しかし私もインドに行くまでは、こういうことにぜんぜん気がつかないで、体本位で心の中のことなんかちっとも考えなかった。

それがインドの山の中で、栄養失調になるんじゃないかというほどのきわめて乏《とぼ》しい食べ物で生活してたにもかかわらず、なぜか体はぐんぐんぐんぐんよくなって病が治った。それは心が非常に強い状態に叩き直されたからなんです。

金をうなるほどもっていても、学問知識をはみだすほどもっていても、しょっちゅう心が乱れて、キナキナ晴れ間のない心の状態なら、生きがいも生まれがいも感じない。**できている人間とできていない人間は、ただそれだけの紙一重《かみひとえ》の相違なんです。**

病気になったときこそ
希望を捨てず、
心を明るく元気に

人が生きていくうえで、病気と無縁でいることはできません。流行のものであったり、生活習慣の乱れがもとになったり、はたまた遺伝性や先天性のものであったり、原因はさまざま。程度や頻度に個人差もありますが、誰もが病気になります。

熱が出て、体に痛みが走り、食欲がなくなり、場合によっては死を意識せざるを得ない。そうなったら当然、気持ちは滅入《めい》ります。天風さんも肺結核を患い、治る見込みがないと決めつけ、「もう駄目だ」と死を覚悟しました。

しかし、心の師となる大恩人に出会い、病はあくまで体のものであり、心まで病ませてはいけないと気づきました。心と体は生命を生かす両輪であり、一丸となる必要がありながらも、意識はそれぞれに対して向けることができる。たとえ体にダメージを負ったとしても、心を元気に保つことはできると悟ったのです。

病気になっても、希望を捨ててはいけない。症状が悪くなる自分を想像するのはご法度《はっと》。心のもちようひとつで生きがいをもつこともできる。

天風さんの"思想の根本"からは、そんなメッセージが伝わってきます。

おなかが
痛いというときも、
隣のおばさんが
痛いのと同じように
考えてごらん

どんな場合であっても、肉体が自分だなんて気持ちで、人生に生きちゃいかんぜ。

肉体を自分だと思って人生に生きると、そらもう、人が気づかない恐ろしい影響が余儀《よぎ》なく我々の命の上に働きかける。それは何だというと、肉体を自分だと思って生きていくと、命の生きる力が衰《おとろ》えてくるんですよ。だから、まず何をおいても、第一に肉体を自己と思うような間違いは厳格に訂正しなきゃいけませんよ。

今まではお腹が痛かったりなんかすると、「ああ、私が痛い」と、こう思っていただろ。「私が痛い」という思い方を、今度は天風式にこういうふうに考える。

お腹が痛いというときにだね、隣のおばさんが痛いのと同じような気分になってごらん。自分以外の人のお腹が痛いのと同じように、「今、俺の命を生かすために使う道具である肉体の腹のところが痛いんだ。私が痛いんじゃない。私が生きるために必要な道具のお腹が痛い」と思えばいいんだよ。

今までは洋服にほころびができると、あなた方自身にほころびができたように思っただろ。ブラウスの背中のところに穴があいたとしたら、「あっ、背中に穴があいちゃった」と思う。そうじゃない。それは着ている洋服に穴があいたんだから。繕《つくろ》えばいい。

というふうに、**肉体も客観的に考える余裕をもたなきゃいけないのよ。**

自分の肉体も心も生きるための道具。

哲学的に言うと、肉体を自分だと考えている人のことを本能階級の人と言うんです。それから精神が自分だと考える人のことを理性階級の人と言う。名が違っていても、両方とも本当の考え方じゃないです。

体は人間が生きるための道具だととらえ客観視する

天風思想では、自分とはすなわち肉体のことであると認識することに対して「間違い」と断じています。

そして“隣のおばさん”の腹痛を例に取り上げ、体はあくまで人間が生きるための道具であり、客観視しなければならない、不調をきたしたら修繕すればいいということも、天風さんは私たちに伝えてくれています。

たとえば大病を患《わずら》ったり、大きなケガをしたりしたら、絶望的な気持ちになるでしょう。しかしそこで「自分の人生は終わりだ」と消極的に考えたり、肉体のみならず心まで病んでしまったりする必要はまったくないということです。

たいていの病気やケガは治ります。不具合が生じても、生きていくことはできます。

でも、体＝道具と客観視することができず、心をも巻き込んで、どんどん良くない未来を想像し、さらに悪化させてしまう人はたくさんいます。そんな生き方、考え方は、自分をないがしろにしているのにほかなりません。肉体も当然大事ですが、心とは切り離して考え、「故障したら修理すればいい」と冷静に構えていたほうが、はるかに生きやすいでしょう。

寝床は
考え床じゃ
ないんだよ

あなた方、夜の寝際《ねぎわ》に必ずお風呂へ入るね。お風呂へ入るのは、垢《あか》、汚れを取るためです。寝際にお風呂に入ると同じ気持ちで、**これから毎晩、眠りにつこうとする前に心の中をお掃除する習慣をつけなさい。**

夜の寝際、床の中へ入ったら、それからが大事なんですよ。寝床の中に入ったのは、これから寝るために入ったんだろ。それとも、何か考えるために入ったのかい？

夜の寝際にちょいとでも、それが嘘でも本当でも、良きにつけ悪しきにつけ、考えたことはそのまま感光度の高いフィルムの入ったカメラのシャッターを切ったと同じ、パーッと潜在意識に刻印されちまうんだ。

だから、昼間どんな腹の立つことや悲しいことに関係した場合であろうとも、夜の寝際の心の中は断然それをもち込んじゃいけないの。**寝床は考え床じゃないんだよ。**

あの有名なイマヌエル・カントは、二十歳まで生きられないと言われたのが七十幾《いく》つまで生きた人ですが、あの人は自分の寝床のところに大きな張り紙をしてね、「ここで考えごと無用」と。

だから夜の寝際はもっときれいな気持ちにおなんなさい。もう、世界一自分よりきれいな気持ちはないぐらいの人間になって。**磨きたてた真珠を、薄絹に包んだようなきれーいな気持ちに夜はなんなさいよ。**

たとえ現在、自分がどんなに自分でも愛想の尽きるほど神経過敏な人間であろうと、あるいはまた、よからぬことを考える人間であろうとも、夜の寝際の寝床の中だけは世界一善良な人間、世界一神経過敏でない人間になって寝てけっして差しつかえないんだからそうなさい。

それをなおかつ、なれないという人間だったら、豆腐のかどへ頭をぶっつけて死んじまえ。自分のことを自分で想像するぐらいのことは、生まれつきもっている心の働きでできそうなものじゃないか。

明日をいい日にしたいなら、ふとんの中でクヨクヨしないこと

近年はあらゆるメディアで、健康長寿のためには自律神経を整えることが推奨され、自律神経を整えるためには良質な睡眠が必要と言われ、良質な睡眠を得るためには○○をしたほうがいい（あるいはしてはいけない）、ということが報じられています。

そこでよく問題視されるのが、いわゆる“寝る前スマホ”です。ふとんに入って部屋を暗くしてから、スマホを手にSNS、動画、ゲームなどに興《きょう》じることですが、画面から発せられるブルーライトが睡眠ホルモンのメラトニンの分泌を抑えるため、良質な睡眠を妨げることが指摘されています。

みなさん、とくに若い方は、やめたくてもなかなかやめられないと思います。でも、もしも天風さんが現代に生きていたら、「あんたたち、何をやってんのよ……」とあきれ果ててしまうのではないでしょうか。

天風さんは、寝床に入ったらすぐ寝てしまうことを推奨しています。よくないことを思い出したり想像したりすると、それが脳に刻まれ、翌日にまでもち越してしまうからです。スマホをもたずにふとんに入り、無心になる——大変かもしれませんが、少しずつそれができるようにトライしてみてはいかがでしょうか。

何の用意もなく
寝るなんて、
毒薬飲みながら
寝てるのと
同じことですよ

人間の生まれたときの心というのは、弱くもなきゃ強くもないんですよ。ラテン語でいうと「タブラ・ラサ」、無色透明でピュアなものなんであります。

そのまんまがいちばん万全な、パーフェクトリーな状態なの。比較するものがないのが、いちばん正確な存在だということを忘れなければいい。

それが物心つくと、いわんやまして、現代のようなマスコミ時代になると、耳から目から、あらゆる方面から入ってくる消極的な暗示によって、現在かくあるがごとく、あなた方を弱いものにしてしまうんです。

それを寝がけに、何の用意もなく、そのまんま寝るだけでも恐ろしいのに、いわんやましてさらに、垢《あか》に垢をつけるようなことをやって寝たんじゃや、何のことはない、**それは毒薬飲みながら寝てしまうのと同じことですよ。**

理想から言えば、寝床の中に入ったら、無念無想、何も考えないのが、いちばんいいんですけれど、これは修養しないとなかなかできない。

だから、そういうときは、やむをえないから、考えるなという無理は言わないから、考えりゃ考えるほど楽しく、思えば思うほどうれしいことだけを、考えたり思ったりすればいいんです。何かあるだろう。何かあるよ。

一生懸命その心がけを毎晩、毎晩やっていると、しまいにはもうね、どんなに心配なことがあろうと、腹が立つことがあろうと、また恐ろしいことがあろうと、今度は気にかからなくなっちゃうんです。

寝床の中というのは、ただたんに肉体と精神の疲れを休める場所ばかりでないんです。「はい、疲れた。寝ようや」なんて、もちろん、それも目的のひとつだけれども、もっともっとそこに深い目的があるんです。

それは何かというと、「生命の立て直し」ということなんであります。つまり、自分の心を汚《よご》さないこと、汚《けが》さないことなんだ。とにかく、**誰でもが一角《ひとかど》の人間になれるようにできてる自分を、もったいない。死んじゃっちゃあ、身もふたもないんだぜ。**生きてる間にこの方法をおやんなさいよ。

寝るとき無心になれなければ楽しくうれしいことだけを想像してみる

前の項でお伝えしたように、天風さんは、あえて強めの表現を用いるとするならば「寝る前に考え事をしてはいけない」「よくないことを考えるのは言語道断」ということを主張しています。しかしその一方で、「習慣化しないと、寝床の中で無心になることはなかなか難しい」「それはやむを得ないことだから、考えるなという無理は言わない」ということも言い添えています。それが本項です。

そんな前提がありつつ、天風さんはアドバイスを送ってくれているので、耳を傾けてみましょう。ふとんに入ったらどうすればいいのか？

考えりゃ考えるほど楽しく、思えば思うほどうれしいことだけを、考えたり思ったりすればいい――これが天風さんの出した答えです。確かにこれなら、無心になるよりやりやすそうです。

これを毎晩心がけていれば、心配なことも、不安なことも、腹が立つことも、恐ろしいことも、いつしか気にならなくなるといいます。素晴らしい明日を迎えるために、寝床に入ったら楽しいこととうれしいことだけを想像し、「生命の立て直し」を図ってみましょう。生まれたときのままの無色透明でピュアな心持ちに近づけるように。

夜中の闇夜に、
モコモコ
起き上がって
くるな

慣れないあいだは、**「夜と昼との心の使い分け」**をしてごらん。

心を離しさえすればいいんだよ。積極的になろうと努力しなくたっていいんだよ。消極的な心を離しさえすれば、消極的なことは自然と心に出てこないんだから。そうしてこれができるようになったら、さらに積極的な方面に心を振り向けるよう努力すればいいんです。

インドではしょっちゅう現地の人が、血みどろになって激しい喧嘩《けんか》をするんですよ。それで、カリアッパ先生に、

「止めてやらなくていいんですか？」と言ったら、

「大丈夫だよ。お日さまが、あの山の陰に入るとやめちまうんだから」

とこう言うんです。

確かに、満月の晩は夜どおしで騒いでいるけれども、それ以外の日は暗くなれば、みんな寝ちまう。

私が行ったインドの村は夜になると明かりがない世界。あなた方のような文明の都に生まれた人は、真の闇夜を知らないかもしれないが、真の闇夜と

いうのは、本当に鼻の先も見えやしないんだよ。

だから暗くなったら、みんなすぐ寝ちまうんだ。**夜中の闇夜に、モコモコ起き上がってくるやつなんかいやしないんです。**


それに彼らは、夜は「マナ」というものが飛んでくると信じているんです。「マナ」というのは「夜」のことで、「夜の刃《やいば》」のことです。彼らは、夜は「マナ」がプーンと飛んで来て、心に弱きをもつ者には、「マナ」がその人の心の中に飛び込んでしまうと言うんだよ。

嘘でも本当でも、自分が考えたことでも、人から考えさせられたことでも、夜の心は無条件で潜在意識の中にそのまま押印される状態になっている。

そのことをインドでは「夜にマナが飛んでくる」と言うんです。


要するに、寝がけの気持ちがなぜ大事かというと、ここなんだよ。

寝がけに神経過敏になったり、消極的な思い方をしたりすると、それがそのまま**潜在意識にインプレスされて、その人の心になってしまうわけなんだ。**

昼と夜で
心のオンオフを
使い分けていく

人間には睡眠が必要です。1～2日程度なら寝ずに過ごすこと、いわゆる完徹も可能でしょうが、それを永遠に続けることはできません。

脳の活動も同じで、24時間フル回転させることは不可能。どこかで休息をとらないと、正常に機能しなくなってしまうでしょう。

積極と消極。楽観と悲観。強気と弱気。ポジティブとネガティブ。すべてにおいて、前者が好ましいとするのが天風さんの哲学ですが、どんなにそれを意識していても、後者が顔をのぞかせる瞬間はどうしても出てきてしまいます。そして、体や脳が休息モードに入っているときに、マイナスの暗示を受けやすくなってしまいがちであるということを、天風さんはインドにおける信仰を例に説明してくれています。

だから、特に寝る前には消極的な思いや考えをできるだけ排除することが肝心なのです。消極的な情報が暗示となって心の中に入り込んでくることを、手助けしてしまいかねませんからね。

この「夜の時間の心の使い方」の大切さを知り、うまくコントロールするように励んでいれば、徐々に積極的な心が優位な状態をつくり上げていけるのではないでしょうか。

第5章

たった一度きりの人生を、自分のペースで生きていく

人生はたった一回
であります。
ダブルページは
ないんであります

まず真剣に考えなきゃならないのは、**人生は一回かぎりということです。**

とかく今の世の中の人々は、何か自分の人生というものが何べんも繰り返されるもんであるかのごとき、気楽な気分をもってる人がいやしないかと思うんだ。

そして、何か病にでもぶつかるとか、ひどい運命にでも虐《しいた》げられるとかいうと、何とはなしにそういう方面にちょっと注意がふりむくんだけども、何でもないときに、人生は一回だなんてことはなっかなか考えませんよ。ただもう、当面の人生のムードだけに酔ってしまってるんだから。

しかしね、どうあろうとも、人生は一回かぎり。**時きたれば、この世から姿を消さなきゃならないのが、人間のオギャーと生まれたときの約束なんですもん。**どんな秀《ひい》でた聖者であろうと、哲人《てつじん》であろうと、また凡人であろうと、二度生まれ変わってきたというのは聞いたことはないもん。

ですから、**一回かぎりの人生はどこまでも、これでいいわという状態で生きちゃ駄目ですよ。**

何はさておいても、まず第一番に正しく知っておきたいことだけは知っておきましょう。変な言葉ですがね、あなた方は、失礼ながら、**知っておかずともいいことは知ってて、知らなきゃならないことは知らずにすませちまう**場合が多いんです。いざとなると、知らなくていいことを知ってても、それは役に立ちゃしませんわ。

多く言うまでもなく、人生というものはどんなに学問をしようが、またどんなに名誉を高めようが一回かぎりであります。**人生はたった一回かぎりであります。ダブルページはないんであります。**

ということぐらいは誰でもが考えてる常識です。だがこの考えてる常識どおりに本当に価値高く人生を生きてる人がはたして何人いるでしょう。百人よせて一人おぼつかない。千人よせて一人、これもどうやら。そしてそのあとはただ生きていられるが故に生きてる、という惰性《だせい》的毎日を過ごしながら、時がくればあの世にいっちまってるんです。

未来は誰にもわからないから「こんなもの」と妥協するのはもったいない

人生、なかなか思いどおりにはいきません。お給料が上がらない。結婚相手が見つからない。人間関係が面倒くさい。不満の種はそこらじゅうにあふれています。

しかしそんな中でも、心から楽しめる趣味をもっていたり、好きなものを食べられたり、家族や友人と幸せな時間を過ごせたり、といった良いことも起こっているのではないでしょうか。信頼していた人に裏切られて多大な借金を背負う、死を意識するような大病を患《わずら》う、というような経験がある人は、きっとごくわずかだと思います。

そんな中でみなさんは「私の人生はそんなもの」と考えていませんか？　大きな悲劇もなければドラマもない。自分の人生に満足はしていないけど、納得も妥協もしている。分相応をわきまえているからこれでいい、と。

天風さんがそんなあなたの姿を見たら、「決めつけちゃいけないよ」と激励してくれると思います。この先の人生、何が起こるかは誰にもわかりません。「これでいいわ」は本当にもったいない。未来に希望を抱きつつ、今この瞬間を全力で楽しんで、考えて、噛みしめて、日々の生活を送ってみましょう。あなたの人生は、あなたのものでしかないのですから。

「たった今」が
続けば
永遠に
なるんだよ

世の中の多くの人々は、自分の思いどおりにならないと、すぐ「やりきれねえ」とか「あかん」てこと平気で言うだろ。

こういう言葉は、結局要するに、「天命」も「宿命」も理解しないで、なんでもかんでも思わざることに出くわすものが我の運命なりと、こう思っちまうからなんです。

「天命」は人力をもって、いかにもなすことあたわざるものではあるけれども、それは少ない。対して「宿命」のほうは、自分の心の力で打開することができる。言うなれば、「宿命」は運命の中にポツリと生じたシミみたいなもんなんだ。

シミはシミ抜きすれば、きれいになるけれども、たいていの人はそれに気がつかないで、努力してもどうにも自分の思うようにならないと、「チェッ、ついてねぇ。これは駄目だ」と自分をおっぽりだしちまう。

「どうにでも勝手になれ」って言うんならまだいいけれど、**未練があっておっ**

ぽりだしてるんだから、つきの悪いテープが体にひっついて、しょっちゅうベタベタベタベタしてるんだよ。これが世界共通の心の中にある、ひとつのしこりなんです。

かりそめにも真理に順応して人生に生きようとする人間は、そういう言葉は自分の言葉の中からキャンセルしなきゃ駄目なんだぜ。自分の貴重な人生を尊く生かすためには、こうした言葉は忘れちまわなきゃいけないんだが、現代の人は「忘れろ」と言うと、よけいに忘れない。

そうして、人生万事《ばんじ》においてビクビク臆病で、ただ偶然ということのみを当てにして、それで自分じゃ少しも気がつかないけれども、そういう心の態度が原因で、良くない運命や好ましからざる病というつまらないものを、いつも自分の人生に招き寄せている。

なにごとに対しても、自分の思うようにならない不平と不満を多くもって、なにをするんでも依頼心が盛んで、価値のない迷信や古くさい運命論に心酔《しんすい》して、人生をフラフラした状態でウロチョロしてる。迷信をもってる人間なんかは盛りのついた獣《けだもの》以下なんだぜ。**いくら人間が万物の霊長といっても、そういう生き方をしてたら人生は闇なんだ。**

だから正しい人生をつくるには、宿命を統制しなきゃいけない。そうするには、一番手っ取り早いのは、いいかい、常に心に「感謝」と「歓喜」という感情を満たして生きるようにするんだよ。

もし自分の人生で思うようにならないことに出くわしたら、自分の心持ちが最高の運命を選び出すようになっていない、そういう心をもてていないからだと、悔い改めなきゃ駄目なんです。

習慣として、何でもいいから、感謝と歓びで人生を考えるように習慣づけよう。この心がけが、宿命統制にすこぶる効果があるということがわかるなら、宿命統制ということが、さほど困難でないと悟れると思う。

感謝と歓喜に満ちた善き言葉と行為は、人生の花園に善き幸福という実を結ぶ種子なんです。

「永久に」と言うと、あなた方は負担を感じるから、せめて、「たった今」だけは、「感謝」と「歓喜」の感情をできるだけ心にもたせるんです。**「たった今」がずっと続けば永久になるんだよ。**

誰かのせいにせず、自分ごととして受け入れることが大切

自分の望まないことが起こると、「運が悪い」「ツイていない」と、ついその原因を自分以外の何かに求めがちになっていないでしょうか。また、「○○さんが約束を守ってくれていれば」「こんな両親のもとに生まれたばっかりに」というように、他人のせいにしてしまうこともあるかもしれません。

そして、自分の力ではどうすることもできないと、投げやりになったり、あきらめてしまったりして、どんどんマイナス思考に陥《おちい》っていく——これがよくあるパターンです。

でも、起こってしまったことをなかったことにはできません。「自分には関係のないこと」と、受け入れを拒《こば》むこともできません。すべては、あなたという人間が存在しているからこそ、たった今、起こった現実なのです。

「大切なのは、どうとらえるかだよ」

おそらく、天風さんはそう言っているのだと思います。嫌なことがあったり、失敗したりしても、それを感謝で受け止めることで、自分の成長につなげていくことができる。そしてそれを繰り返していけば、きっと、今よりも充実した人生を送ることができるようになるでしょう。

一生は断然一生で、
二生はないんで
あります

何はさておき、いっぺん縁あってこの世の中に人として生まれてきた以上、どんなに学問しようが、どんなに努力しようが、またどんなに金ができようが、**一生は断然一生で、二生はないんであります**。いっぺん死んじまえば、二度味わえはしないこの人生、こりゃあ尊いものです。

ところが、ただいたずらに食うことや寝ることや着ることや儲《もう》けること、人生のただ一部分的な事柄だけを、本能や感情の欲するがままにこれを欲して、それを得られて満足し、得られないで悩みを感じてるというような、きわめてあさい考え方で人生に生きてる人が、すこぶる多いんであります。

言われてみれば、すぐおわかりになります。いったん生まれて死んじゃったら、二度味わえない命。おまけに、この命が意識的に感覚しているきょうという日がどんどんどんいってしまって、どんなに努力したって、現在ありうるがごとき現実はふたたび味わえないんです。

よろしいかい？　**きょうただ今、この時の、この瞬間が、ぱっぱっぱっぱっぱっ**

と、過去の絵巻物の中に消えていくということ。しかも、そのリールの回るスピードの速いこと。次から次へと、どんどんどんどん時はたっていく。時日は過ぎ去る。人生を考える者は、これを考えなきゃ。

明日になって、またあなた方がここにおいでになったって、またよしんば明日、この演壇に私がふたたび立ったところで、**きょうたったいま味わっている味わいというものは二度と味わうことはできません。**

ところが、今の人々、一年は三百六十五日とはいえ、本当に喜ぶなんて日はめったにありゃしない。喜んでも、瞬間の喜びですもん。そのかわり、煩《はん》悶《もん》だ、迷いだ、苦労だというやつは、念には念を入れて毎日やってますからね。

そして、そういう状態の人生に生きてる人には、「光陰《こういん》矢《や》のごとし」とか「月日に関守《せきもり》なし」という言葉は、本当から言うと当てはまらないんです。

ご経験がありましょう。好きな人と物語っていれば、「おや、もうこんなに時間がたっちゃったの」というぐあいに、時のたつことを忘れてしまう。往来歩くのも、一里や二里は平気で、そうとう遠回りしたってくたびれやしない。反対に、嫌いなやつと歩くと、道の半町《はんちょう》も歩かないうちにくたびれてしまう。

心朗《ほが》らかに、なんにも心にわだかまりなく、**楽しい、うれしいという時を味わってるあいだは、時間も空間も超越してしまうんですよ。**

しかしね、くどいようだけれども、二度も三度も生まれ変われる人生じゃないよ。一遍《いっぺん》キューーッて死んじまうと、二度と出てこられない。たとえお寺の和尚さんが来世があるよと言ったって、嘘、嘘。寺の坊主が一遍死んで帰ってきたんなら、ある程度まで、嘘ごとも信用してもいいけれど、とんでもねえや、**キューーッとやったらキャーで、もうおしまいだ。**

されば、「ああ、私は生きているな」と自己意識で感覚しているその瞬間は尊い。**「私は生きている」「俺はいる」「我あり」という自己存在をしっかり保持している時間というのは尊いんだぜ。**

その時間を、悩みで多く生きるがいいか、貧乏で多く生きるがいいか、不健康で多く生きるがいいか、楽しみ多く、うれしく、爽やかに、朗らかに、のどかに生きるのがいいか、親類集めて相談しなくたってわかるでしょう。

どんなに寿命が延びても、やり直しのきかないのが人生

「人生100年時代」と言われるようになりました。男女ともに、日本人の平均寿命は右肩上がりに延びてきています。天風さんがこの講演を行った昭和30年代前半の平均寿命は、男性が63歳で女性が67歳。当時とは比べものになりません。今、この本を読む方の多くが、「人生まだ先は長い」と思っていることでしょう。

では、長い人生の中で一日くらいはいたずらに過ごしてもいいかといえば、さにあらず――これが天風さんの考えです。一日どころか、一瞬たりとも無駄にしてはいけないということを、強調しています。

人生100年時代と言っても、100歳まで生きられる保証はどこにもありませんし、もしかしたら今日、明日のうちに事故で命を落とす可能性もゼロではありません。だから、人生を俯瞰《ふかん》して、死に向かって日々を計画的に生きることは不可能と言ってもいいでしょう。

でも、今ここに存在する命を感じながら、その瞬間、その一日を、ありったけの力を発揮して生きることなら誰にでもできます。この世に生を受けたありがたみを胸に刻み、楽しみながら生きていきましょう。

病があろうと
なかろうと、
一生、生きてる
あいだは生きてろ

人間の感情の中には、非常に清いものと汚いものがある。はっきりした区別があるんだ。感情はいつも清いもの、清いものを選ぶことに努力しなきゃいけないよ。

それにはまず、汚いものを見ても、清い方面からそれを考えるようにしなきゃ駄目なんだ。そのためには、何でもいいから、すべてきょうからは「ありがたい、ありがたい」の感謝にふりかえる努力をしてごらん。**病があるのもありがたく考えろ。治ってありがたいなんて思っちゃいけない。**

人間というものは、死ぬときは死ぬよ。何にもなくとも死ぬときは死ぬんですから。それよりはもう少し気の利いたことを考えたらどうだろうと思うけども、どうも気の利いたことを考えられない。

私はインドの先生に怒られたんだ。もう熱も出なくなり、体もしっかりしてきたときに、先生が、

「うれしいか」

「へえ」

「ばか。治ったことをうれしがるような人間だったら凡俗《ぼんぞく》だ。悪いときにそれに負けなかったことをうれしがらなきゃいけないんだ。何でもないときにうれしがるのは当たり前のことだ。ばか。そんな気持ちをもってると、またぞろ冒《おか》されるぞ。**病があろうとなかろうと、一生、生きてるあいだは生きてろ**」

おもしろい言葉だと思ったね、私は。この「生きてろ」というのは、けなげに生きてろという意味なんだ。

「病があってもなくても、健康であろうと不健康であろうと、生きてる状態に変わりはないぞ。気持ちまで病ませるな」

ハッと気がついて、それから以来きょうまで――もちろん肺の片っ方はほとんどない人間です。肺活量も人の半分しかない人間です。むろん呼吸困難も感じるときがあり、体のだるいこともありましょう。それから、脈がしょっちゅうとぎれます。トコトコッ、コトコトッと。そんなことがあったって、気にもしなくなっちゃった、私。

現在感謝というものが、本当に心の中にしっかりともたれていれば、どんな場合でも、自分の心の中に曇りというものが出てこないから、なんとも形容のできない、生きがいを感じて生きていかれるんです。

現在感謝を感じない人は、どんな良い目にあってもうれしがりませんよ。そういう人間は、はたから見ると「あんなに恵まれているのに、まだいけねえのかい、罰当たりな」って思っても、本人はそれで満足してないんですから、ちっともうれしくもおかしくもないだろうと思います。

良いときに感謝しないんだから、悪いときにはもっと悪くなりますよ。

ねえ、人間を幸福にする、幸福にしないっていう秘訣《ひけつ》は、たったこういうデリケートなところにあるんですぜ。

「満ち足りないから俺は幸福を感じない」っていう気持ちでいたら、そりゃもう、現在の人生を何百回繰り返したって駄目よ。

そんな気持ちをもってる人間に「ああ、これでもってもう結構であります。何もいりません」なんていうふうに考えるときはこないいんだから。

いいかい、もうどんなことがあったって、現在感謝。今までのようにすぐ**不平不満を言うようなそんなケチな気持ちや心持ちは、海の中なり山の中に捨てちまえ。**

来年こそやるぞ、来年こそやるぞ、なんて思ってると、五十年くらいすぐにたってしまって、あっという間に人生終わってしまうからね。

「まず感謝」の習慣で人生の逆風にも強くいられる

人生は山あり谷あり。いいことと悪いこと、うれしいこととつらいことは、交互にやってきます。もちろんそれは一定のリズムではなく、いいことが続くこともあれば、悪いことが立て続けに起こることもあるでしょう。

たいていの人は、悪いときほど気持ちが滅入《めい》るものです。ささいなことを気にしたり、さらによくないことを考えたり、文句をいったり、他人のせいにしたり、というふうに、いわゆる“負のスパイラル”にはまっていきやすい。病気を患ったときや誰かから嫌なことを言われたときに、その傾向は顕著になります。

しかし、どんなことがあったとしても、「先に感謝する」と決めてしまえば、すべてのモノやコト、さらにはヒトに対して、ありがたみや感謝の念が生まれるのではないでしょうか。そして心が清らかになり、生きがいを感じることができるのです。不平や不満を持つのは簡単ですが、そればかりでは人としての成長は望めません。

「人生に逆風が吹いているとき、どんな気持ちでいられるかが大事なんだよ」

天風さんが“なっていない人”を見たら、こんな言葉をかけてくれるかもしれませんね。

生きてることは、
現実なんだ

人生は理屈ではありません。生きているということは、どこまでいっても現実であります。夢のようなうつつのような世界でないのが人生であります。そしてしかも、これも真剣にお考えにならなければならない問題ですが、言われればああそうかと気がつくのですが、たいていの人が気がつかない。それは、人間てェものは、生まれたら必ず死ぬものだということです。

いっぺんは必ず死ぬということを考えたときに、同時にもうひとつ考えなければならないことは、こうして毎日毎日、刹那刹那に、生きているものはすべて一様に、**人生の最後のターミナルである死の墓場に、知ると知らざるとを問わず、近よりつつある**ということです。

多く言うまでもなく、人生はどこまでいっても現実の世界なんだから、これを忘れちゃいけないんだよ。死んでから後が人生じゃないんだから。死んでから後のことまで考えようとするのは宗教なんだ。天風哲学は死んだ後のことなんか考えやしないもん。死んだ後というものは明日以後のことなんだもんね。現在ただいま生きてるこの人生というものを考えていくということが私の主義であり、主張であるんだから。

生きてることは現実なんだ。どんな人間でもいま現在、自分自身を死んでるとは思いやしないだろ。生きてる、息してる、血がかよってる、物を言ってる、くそしょんべんたれる、恋をする、何じゃかんじゃ、みんな現実なんだ。**現実はどこまでいっても、現実の力以外のものでは解決はできないんだよ。**

べつに私は宗教をけなすわけじゃないんだけども、ただ、見えない、わけのわからないものにお頼みして、おすがりして、それを現実だと思ってる人は、観念のなかに或《あ》る錯誤《さくご》があるんです。どこまでいっても、つねりゃ痛い、ひっかきゃ痒《かゆ》い、切りゃ赤い血の出るこの生命を生かしている刹那《せつな》、刹那は、どこまでいっても宇宙真理という現実のもので解決していかなきゃいけないのであります。

浅はかな
現実逃避をしても、
なんの解決にもならない

「恋人が浮気をしているかもしれない。でも、確たる証拠はない。考えるだけでストレスが溜まるから、映画でも観に行って気を紛らわそう……」

「提出期限が明日に迫った企画書がなかなかまとまらない。このままでは絶対に間に合わない。もう、いっそのことお酒を飲んでしまおうか……」

現実逃避をしたくなる瞬間は、万人に等しく訪れるものです。そして、これがなんの解決にもならないことも、みなさん、身に染みて理解されているのではないでしょうか。目の前にあること、目の前で起こっていることから無理やりに目をそらしても、現実は変わらないし、変えることもできません。

天風さんの「人生は理屈ではない」「生きているということは、どこまでいっても現実」「夢のようなうつつのような世界でないのが人生」という言葉が胸に刺さります。空想をしても、夢を見ても、祈っても、神頼みをしても、解決には至りません。現実を解決できるのは現実の力、すなわち自分自身でしかないのです。

天風さんの言葉を心にもって、勇気を出して現実に真正面から向き合ってみましょう。

今、死ぬよと
言われたとき、
ちょっと
待ってくれと
言うか、言わないか

たとえ立派に言葉で説明ができたとて、恐怖の世界に生きることほど、値打ちのないときはないんであります。それはあなた方自身が常識で考えたってわかるじゃないか。恐ろしいなあと思っている人生の時間と、何ら恐怖を感じないで人生に生きてる時間とは、どっちが尊いか。

何でもないようだが、これが何でもあるんですぜ。社会人となってくると、はっきりこれと言えなくても、常に何かなしの恐怖が、健康方面にも、あるいは運命方面にも、執拗《しつよう》にこびりくっついているものです。

本当に現代人は、人生を生きる場合に落ちついた、おおらかな気持ちをもつことなしに、諸事万事にびくびくびくびく。歩く人の姿をじいっと見ていると、全く何を追いかけているのか、何に追いかけられているのかわからないけれども、まことに落ちつかざることおびただしい。落ちつきが心の底にでないのは、結局、臆病《おくびょう》だからだ。

あわてると、自分でもずいぶんおかしなことをやっちまう。

私の家に長年いたモヨという老女が、一軒おいて隣から火が出たときね、私の枕もとへ来て、

「若様、落ちついて、落ちついて」

と言って、何か一生懸命包んでいるの。

見たらね、枕を一生懸命風呂敷に包んでいるから、私はこう言ったんだ。

「モヨ、おまえが落ちつけ」と言ったら、

「ああ、さようでございました」と、枕を出したり入れたりしてる。

うわずっちまうと、己のしていることが何だかわからなくなっちゃうのね。そのうわずりは、普段の気持ちの中に恐怖が暗雲低迷のごとく、自分で定かにそれとわからなくても、しょっちゅう去来《きょらい》してるからなの。

だから、人ごとじゃないよ。大死一番臨終只今《だいしいちばんりんじゅうただいま》の気持ちになれるか、なれないか。

いかが？　**今、死ぬよと言われたとき、ちょっと待ってくれと言うか、言わないか。**

私がインドへ行って三日目、山に行く道すがら先生からこういう質問が出た。

「野原を歩いているときに、後ろをヒョイッと見たら虎が追いかけてきた。そこで、たまらぬと逃げ出して、どこか安全なところはないかいなと、はるか向こうを見ると、大きな松の木が天にそびえてる。これだっていうんで松の木に登って、チョイと下を見ると、その松の木の枝の出ている下は底知れない谷だ。

ここなら虎も上がってこないわ、ここにしばらくいようと思っているときに、ヒョイと気がついて頭の上を見たら、頭の上から大きな蛇がお前を飲もうとして紅蓮《ぐれん》の舌をペロッペロッと出して近寄ってきた。上に大きな蛇、下に虎。

そこで、これは困ったというんで、どこかに逃げるところはないかと、ヒョイッと足元を見ると、谷底へ蔦葛《つたかずら》が下がっていた。これだこれだ、この蔦葛にひとつぶら下がっていれば、蛇も虎もどうすることもできないっていうんで、蔦葛にぶら下がった。

いいか。そうしたらば、やれ安心と思ったのもつかの間、手元に何か怪しき響きを感じてきたので、ヒョイと上を向いたら、何と貴様、そのつかまっている蔦葛の根を、リスめが来て、ボリボリ食いおった、どうする？」

こういう質問なの。

そのままあなた方にも言う。どうする？

そのとき私はね、あなた方と違って、何べんか、もう駄目だという生死のなかをくぐり抜けた後の、いわゆる生死経験の者でありますから、あなた方ほどあわてませんでした。

私、にっこり笑ったよ、その時に。どうせ、むこうの満足するほどの返事はできないけども、私としてはこう考えた。何もあわてることはないじゃないか。切れるまでは生きているんだから、切れて落っこちてから後のことは、落っこちてから後に考えればいいと思ってね。

「落っこちるまでは生きておりますから、そのまま安住《あんじゅう》してます」

と言ったら、

「偉いっ、それなら先ざき見込みがあるぞ。それが人間の世のほんとうのありさまじゃ」と。

これが、人間の世のありさまなんです。

気づかないために安心しているんではなく、気づいたときでも安心ができるようでないと、本物じゃないわけだね。ところが、あなた方、気づかざる場合には知らぬことで、我が心を煩《わずら》わさないから何にも考えないけれども、わかったら大変だ、ねえ。

わかったら大変じゃいけないんですよ。

わかっても、我れ関せずの心になり得れば、人間の世界に何の恐れも感じない、実に安心した状態が続いてくる。

恐怖にまどわされず
どっしり構えて生きる

受験やテストに失敗しないか。病気にならないか。仲間外れにされないか。給料が頭打ちにならないか。取引先からノーを突きつけられないか。人生は恐怖だらけです。次から次へと私たちに襲い掛かってきます。そして、人間にとっての究極の恐怖は「死」なのかもしれません。

でも、よく考えてみましょう。先に挙げた例はすべて、誰にでも起こり得ることです。死に至っては、どんな人にも等しく、いつか必ず訪れるものです。果たして、恐怖を感じている必要はあるのでしょうか。

天風さんは「恐怖の世界に生きることほど値打のないときはない」とバッサリ。つねに恐怖心を抱いていると、落ち着かなくなり、自分のしていることがなんだかわからなくなると指摘しています。

なんら恐怖を感じなくなるのは難しいとしても、「起こって当然。それが人生」とばかりにどんと構えていれば、自分を見失わずに済むはずです。目の前に死が迫っているとしても、その間際まで堂々としていられるか。そんな心持ちで自分の心を日々精査することで、「いつ死んでも後悔はない」と思えるくらい、心に余裕が生まれるのではないでしょうか。

人生はどこまでも
生かされる人生で
あっちゃいけない

およそ人生というものは、どこまでいっても現実なものなんだ。

どんなに文学的な美辞麗句《びじれいく》を使って形容してみても、せんじ詰めて言えば、生きてるということは現実なんだ。


そして、理想はね、どんな場合でも必要なことなんだよ。

それはなぜかというと、継続せる組織のある連想、言い換えれば**理想ほど、人の心を勇気づけ、また積極化するものはない**からであります。

もしもあなた方の心に、今はばかに勇気があるんだけれども、何かあるとすぐ勇気がくじけちゃって、することなすことが積極的でなきゃならないとわかっていても、なかなかそうなれないのは、理想というものが確固不抜《かっこふばつ》の状態で心にないがためなんだぜ。


理想というものは立派な「自己を生かす宗教」だと言えるのであります。

自己を生かす宗教。

もっとも現代人の考えている宗教は、自己を生かされるためにあるものが宗教だと、こういうふうに考えているから、自己を生かす宗教というような言葉はピンとこないかもしれない。けど、**人生はどこまでも生かされる人生であっちゃいけない。生きる人生でなきゃいけない。**

あんがい理想なく生きてる人が多いんだぜ。あなた方は何か理想があるように自分で思ってても、それは理想になってないんだもん。ただ、ああ、あったらいいなあ、というような考え方だけしかないんだよ。

しかし、理想というものはそれより以上のものだよ。理想のない人生に生きる人は、はかない人生に生きるべく余儀《よぎ》なくされちまうんだ。

この見地に立脚《りっきゃく》して、人生を日々、きわめて有意義に生きようとするのには、**常に自分の人生理想を明瞭にその心に描いて、変えないことですよ。**いたずらっ子が紙に絵を描くみたいに、何を描いてんだかちっともわからない、本人に聞いてみても。何か描けるだろうというようなつもりで描いてるのと同じような考え方を人生にもっちゃ駄目だぜ。

信じられるものは、自分の足でつかみ取る

「生かされる人生」という言葉を聞いて、ドキッとした人もいるでしょう。自分の人生なのに、他のものに「生かされている」。もちろん、人や物に対してありがたいと思う気持ちは大切です。しかし、何かに依存して自分を失っては、自分で自分を生かしている、とは言えないでしょう。

人生は、あなたの選んだものでできています。では何を選ぶのか、基準が必要です。どんなに自分以外の存在にすがったり頼ったりしても、最終的に人生の決断をするのは自分自身。責任をとるのも自分です。その判断軸を持つために、理想を持つことが大切だと天風さんは言います。理想こそが、あなたに勇気や積極性をもたらすのだと。

両親、先生、上司、友人など、心の支えになってくれたり、ためになるアドバイスを送ってくれたりする人は、誰にでも必ずいるはず。彼らの言葉に助けられた、あるいは救われた──そんな経験もあることでしょう。

でも、言われるがままではいけません。あなたの人生はあなたのものです。自分以外の誰かに生かされるのではなく、自分自身を生かしてあげましょう。はっきりとした理想があれば、できるはずです。

考えりゃ
考えるほど、
うれしく朗らかに
なっちゃうことを

あなた方は小学校時代から、いろいろの言葉で、欲を捨てろ、欲はいけないというふうに聞かされていたのに、ここへ来たらいきなり、欲は炎と燃やせ。

しかし、考えやしなかったかい、「いいなあ、あの悟りは」と。そう思ったら、**その人は新しい感覚で人生を考えうる人で、どうもどうかと思う人はまだ古い感覚で人生を考えてる人だと、言っていいわけであります。**

私はもう長いあいだ、いわゆる学者や宗教家の人生観を研究してみたが、みーんな概念的なものばっかりでね。瞬間いいなあとは思うんだけど、その気で一生を生き通せるというふうには、どうも感じられなかったんだ。

人生というものが、いつも無事平穏で、何事もない世界が一生続いてるんならそれでいいんですよ。人のことなんかどうでもかまわねえ、自分だけよきゃいいと。**しかし、そうはいかないのが人生だろう。**

だから、もしもしっかりした人生観をもたずに、毎日、日にちを生きると、正確な海図をもたずに航海して、暴風雨にあって漂流しだした難破船《なんぱせん》、それよりもっと、なんとも収拾つかない羽目に陥ることになっちまう。

そうは言うものの、私も若さの生意気盛りの時代にはご多分にもれず、人生なんて、そんな難しいものは学者や宗教家に任せておきゃいいんだと、きわめて安直《あんちょく》に考えてた。戦争中も、どうせきょうあって、明日のない俺の命だ、人生なんてくそまじめに考えたってどうなるんだと、こういうふうに考えてた。同じように、人生なんかいきあたりばったりだっていうふうに考えてる人もいるんじゃないかと思うんだが、どうだろう。

さ、そこで私の人生観ですが、率直簡明に言う。一言で言えるんだから。

私は、誰が何と言おうと、「人生というものは、忍苦《にんく》の、あるいは忍耐《にんたい》のというような難しいことを主張するよりは、**現在の自分の生きてる命に喜びをできるだけ多く味わわせる、そこに真の生きがいがある**」。

聞き違いはないだろうね。これが私の人生観なんだ。

ようく説明するまでもないことでしょう。喜びのないところに本当の生きがいのある人生というものはないはずであります。

ところが、学者や宗教家はそう言いません。「つらさを忍《しの》ぶところに人生の生きがいがあるんだ」と言ってますよ。そしてあなた方も大なり小なり、その教養を強いられてきてやしないか、小さいときから、知らず知らずの間。私はね、克己心《こっきしん》を必要としません。自制心も必要としない。堪《こら》えないんだもん。忍耐する必要がないもん。そうなると実に人生が気楽だよ。

「それじゃあ、天風さんは暇だろうな。なんにも考えないから」と言う人がいるかもしれないけれど、私はあなた方と違ったことを考えてる。**考えりゃ考えるほど、うれしくなっちゃって朗《ほが》らかになっちゃうことを考えてる。**だから、あなた方から見ると、少しばかじゃねえかと思うかもしれない。

とにかく私は昔のような忠信孝悌《ちゅうしんこうてい》を我慢しても守っていくような人をつくりたくはない。そんな残酷なことをしたら、苦しみから苦しみへ乗り換えさせたことになるじゃねえか。

さんざん今まであなた方は、誰に頼まれもしないのに一生懸命苦しんできたんだ。その人間をまたこっちへ連れてきて苦しませるなんて、そりゃあ、かわいそうでそんなことはできやしねえ。

いいかい。人間お互いはそれぞれいろいろな欲望をもってる。その欲望を具体化するがために、お互いは毎日あくせくと頭を使い、体を使って、あわただしく働いて、動いてるんじゃないかい。

それで、こうしたいろいろの区別をもつ個性的欲望のいずれもが、すべて結論すればだ、みーんな自分自身がそれによって喜びを感じたいためだろう。喜びを味わいたいためだろう。理屈でなく考えなさい、自分の気持ちで。

言い換えれば、人というものは、喜びを感じたときに幸福を感じるんじゃないんですか。だから、幸福とは、喜びを感じるときの人生を指していう言葉だと言えるね。手をたたくときが幸せじゃないね。「幸せならば手をたたこう」って歌があるけれど、**手をたたいたって幸せになりゃしないもん。**

生きがいとは、自分の心がよろこぶ実感のこと

自分のことより他人のために。パートナー、子ども、親、同僚、お客さん。いろいろな相手に尽くして、がんばりすぎていませんか。「こうしなければいけない」と思いすぎていませんか。天風さんは、そんなあなたに「さんざん苦しんできたんだから」と優しく諭《さと》してくれています。

相手のことを思いやる気持ちや、役に立ちたいという気持ちは大切です。ですが、それらはすべて、あなたが幸せであることが大前提。自分の心を殺して作り笑いをしても、幸せは感じられないと思います。

つらさや苦しさを感じずに一生を終える人はいません。人生は苦難の連続――そう感じている人もいらっしゃると思います。だからこそ、苦しい場面でも心を殺さずにいられるように、天風さんは「状況の見方」を教えてくれています。

人生、山あり谷ありです。しかし、たとえ谷の中にあったとしても、その中で楽しみを見つけ出せるように、心の強さが大切。天風さんの言葉からは、そんなメッセージが伝わってきます。

あなたはもっと、あなたの心を楽しませて生きていいのです。それがやがて生きがいとなり、自然と人にも優しくできるようになるのではないでしょうか。

まずいもんと
うまいもん、
どっち食いたい？
私はうまいもんを
食うね

よく考えてごらん。

喜びのないところに、本当の生きがいのある人生がありますか。

喜ばないで生きてるときのほうが生きがいがあるという人は、よっぽど心のひねくれてる人だよ。私は自分が喜んでるときがいちばん生きがいがあるんだ。

きょうあって明日なき命の軍事探偵をしてるときでも、そのきょうあって明日なき命に生きてることを喜んでたから、私はやっていかれたんです。それをもし喜ばなかったら、一日としてあれだけの仕事はできません。

重要な秘密会議が開かれてる部屋の隅《すみ》に置かれた箱の中にジーッとうずくまりながら、かすかな光線を頼りに会議の様子をジーッと見てるときなんか、なんという男らしい、楽しいときなんだろう、誰も敵のスパイがここに潜《ひそ》んでいるとは知らないで、重要な会議を手に取るように見ている俺。世界中の金を出したって、この楽しみは買えるかと思うと、そのままとっつかまって息の根止められても、「あぁ生きがいがあるな」とこう感じたもんです。

お互い人間というものは、喜びを感じたときに幸福感を感じるんじゃないのかい？　**私は喜びを感じたときに幸福感を感じるんだけれど、あなた方はどう？**

好きな人と手をにぎり合ったとき、どんな感じ？「ああ、やだ」と思う？瞬間、幸福を感じない？

こうしたことの一切を静かに考えてみると、人生を理論的に難しく考えて苦しむよりは、率直に喜びのときをできるだけより多く、いかなる場合にも心あるいは肉体に味わわせて生きることを人生生活の主眼とするのが、どうせ遅かれ早かれ死んでいく命に対する最上の考え方だと私は決定したんであります。

人生もうこれでもかってていうくらい価値高く、幸福に、楽しく生きることを考えるならば、もうどこまでも現実を見つめなきゃ解決がつかない。いいかい、**人生は屁理屈《へりくつ》やカラ威張りじゃ解決がつかないんだぜ。**

生きてる現実、恋をする。めしを食う。くそをたれる。ひっかけば血が出る。もう、自分の人生は現実でしか解決がつかないんです。あの世にいってからのことなんて、天風哲学はだんぜん問題にしないんです。

いま生きてる自分自身の人生を、どうすれば生きがいのある、楽しい、うれしい、幸福な人生にできるかってことでしょう。そのための方法を私は教えてるんですぜ。

「死んでから幸せになれる、ってほうが俺にはあってる」という人は、まあいいとは思いますが、もしいらっしゃったら、どうぞ、お寺でもどこにでも行ってください。ですがね、たった一回しかない人生を、いま生きてるこの人生を楽しまなきゃ損だと思うんだが、どうですか、みなさん方。

だから私の人生観は、古い道徳観や倫理観には縛られてません。人間の生物的本能である精神的、感覚的な享楽を、他人の幸福を妨げない範囲で**喜び楽しむ心をこしらえなさい**というものなんです。

そういう人生観をもつ者の人数が増えたら、この世はのんびりとした、おおらかな世界となって、お互いの人生を楽しく生きられる、真の平和の極楽郷が求めずしてできあがるんです。

だって、まずいもんとうまいもんとを並べて、どっち食いたい？

「いや、私は天風会員だから、まずいもんがようござんす」って言うかい？

私はうまいもんのほうを食うね。

何よりも、
自分をよろこばせて
生きるのがいちばん

日本には、遠慮や謙遜が美徳とされる風潮があります。いわゆる「空気の読める人」ほど気が利く人というイメージでしょうか。たしかに、わがまま放題で、他人の気持ち無視する人に比べたら、美しくもあり、大人でもあるかもしれません。

しかし、それが行きすぎてなんでもかんでも相手に譲《ゆず》ったり、我慢しすぎたりしていたら、それは自分を大切にしていないことになります。自分の心が苦しくなるほどに、他人のことばかり優先する必要はありません。たまには「自分へのご褒美」として、他の人の幸福を妨げない範囲で欲を出し、喜びを求め、自分のやりたいことをやってもいいと思います。

天風さんが言うように、人生は一度きりなのです。それなのに、自分を押し殺し、相手を立てることばかり考えて生きているのでは、せっかくの人生がもったいないですよね。

それを身近なシチュエーションで考えてみたとき、たとえば、大皿に盛られた料理を誰が取り分けるのか？　唐揚げのラスト１個をどうするか？　必要以上に気をつかって、自ら取り分け係に徹したり、遠慮しあったりする必要はないのだと思います。楽しそうに食べていればいいのです。きっと誰も根にもちません。もしなにか言ってくる人がいたら、「その程度の器の人」と割り切るぐらいの心持ちでいきましょう。

なにがあっても、
びくとも
するもんか。
生きてるんだ

きょうはなにごともなくても、明日もあさってもなにごともないかというと、そうは言えないんだ。ちょうど秋の天気と同じで、こんなに立派な秋晴れがあるかと思うくらいに晴れてたのが、数日後にはぐずついてるだろ？

人生も同じ。「ああ、きょうは幸いだな」と思っていても、ガラリとひっくり返ることがずいぶんあるんだから。

油断も隙《すき》もないのが人生だってことを考えたとき、我々は始終、死生観を自分の頭の中にはっきりもってなきゃ駄目なんだ。

そうじゃないと、いざっていうときにあわてくさっちゃって、命を落としたり、もっと幸福に生きられるのに、自分を不幸にしちまうことがあるからね。

率直にまず言いたいことは、人間はよほどの諦めのできている人間以外は、誰でも死ぬということを恐れます。**私は重病に冒《おか》されて死の恐怖にあったとき、どんなにおかしなことがあっても笑えなかった。**笑う気になれないんですよ。

それでもう、寝ても覚めても忘れない、この死に対する恐怖感のしこりを取りたくて、外国に行く気になったんです。でも、誰も取っちゃくれないんですよ。


それで日本への帰郷を決心したその途上、偶然にもヨガの大聖人、カリアッパ先生に巡り合って、こう言われたんだ。

「こうやって、私と話しているとき、おまえは生きてるっていうことを考えているか？　夢中で話してたら、自分が生きてるとか死んでるとか考えてないだろう。生きていても、**生きてることを考えなきゃ、死んでるのと同じだ。**そこを悟れよ」


ハッと心を打たれるものを感じたんです。

そして、戦争時代のいろいろなことが、回り灯籠《とうろう》のように次から次へと浮かび上がってきたんです。そうだ、あのときに生き返らないでそのまま死んでしまっていたら、死ぬなんてことはなんともないことじゃないか。おっかなくもなんともない。恐れる間もないもの。パッと死んで、それでおしまい。それが、不思議とも奇跡とも言いようもない運命で、死なずに助かったんだからね。生き返ったばっかりに、生きてることがなにか当たり前のように思って、やたらに死を怖れる心になってしまったんです。

考えてみると、あのとき死なずに今こうして生きているということが、むしろ不思議以上のことなんです。

それを私は横着にも罰当たりにも、不思議とも思わずに、なにか当然の権利のように考えて、やたらと死ぬことを怖がって、なんとも形容のできないしこりを心につくって自分を憂鬱《ゆううつ》にしてたんです。せんじ詰めると、自分の気持ちの中に自分でこしらえたしこりじゃねえか。

それまでの私は、自分の人生を、生《せい》を重点としてのみ考えていた。それで人生観が、あるいは死生観ができると思っていた。それが断然、間違いの始まりだと悟りが開けたんです。

人生は死を重点として考えてこそ、死生観が徹底するということに気がつかなかった。


生を重点にするとね、生に対する執着念が盛んに燃え出すんです。

しかし、**死を重点とすると、今こうして生きていることのありがたさが、しみじみと感じられるんだよ。**


「死んじゃったらどうしよう」というのが、あなた方なんだ。よく考えてごらん。死を怖れるのなら、生まれる前はおっかなかったかい？

生まれる前、知らねえじゃないか。それと同じように死んでからも知らねえんだもん。

生きてることのありがたさをしみじみと感じて生きると、死というものを怖れなくなるんです。生きてることのありがたさを感じないで、「死ぬのはいやだ、いやだ」と思うのは、生が重点となっている。

心の中に尊いヒントを得てからは、どんなときでも生きてる感謝のほうが心に浮かんでくる。それがいつも心の中を明るくしてくれる。死ぬなんてことは、耳にしてもなんとも思わない。死ぬことがショックなことだと感じなくなっちゃったんですよ。

だからあなた方もね、私のこの気持ちと同様になって、考え方をふりかえてごらん。生きてる現在を、ただありがたく感謝して生きたらどうだい。生きてることだけに感謝して、生きてることだけを考えるんだよ。

生きてるんだぜ、息が絶えないかぎりは。たとえやがて死ぬであろう臨終《りんじゅう》が迫ってるときでも、息が絶えないかぎりは生きてることだけを考えて、生きてることに感謝して生きるんだ。これは、はっきり覚えておかないと駄目だよ。ただ生きてることをありがたいと思って、どんな場合でも「ああ、生きてる」、これでいい。

なにがあっても、びくともするもんか。生きてるんだ。ことがある日もことなき日と同様、生きてることを楽しむ。

これをあなた方の心に置いといてくださいよ。

やがて迎える死から目をそらさず、でも恐れず、今日を楽しむ

死を恐れていない人など、皆無に等しいでしょう。命が永遠に続かないことは誰もがわかっています。いつか自分にも死が訪れることは、みんな承知しています。

とはいえ、若い人ほど、その意識はぼんやりとしているもの。死に対する漠然とした恐怖はあっても、どこか他人事のようにとらえ、明日も明後日も、今日のような日が続くと信じて疑っていないのではないでしょうか。生きていることへのありがたみを感じながら、日々を過ごしている人はほとんどいないはずです。

でも、天風さんの言うように、明日、何が起こるかは誰にもわかりません。人生、一寸先は闇。予期せぬ事故や事件に巻き込まれる人は、毎日どこかで生まれています。

だからと言って、つねに最悪の未来を考えて行動せよというのではなく、いつ死んでもおかしくないことを自覚しつつ、どんな日でも、いかなる状況下でも、生きていることに感謝し、人生を楽しもうと天風さんは言っているのです。

そんな人生観、死生観を身につけることができれば、思いもよらないことが起こったとしても、動じずに、重く受け止めすぎず、冷静に対処できるようになるのでしょう。だって、死んではいない。あなたは生きているのですから。

中村天風
略年譜

1876年 0歳

7月30日、現在の東京都北区王子で生まれる。
父は大蔵省紙幣寮の初代局長。
幼少期から乱暴が絶えず、喧嘩相手に怪我を負わせていた。

1888年 12歳

湯島小学校卒業。
性根を叩き直そうという父の意向で、福岡の修猷館《しゅうゆうかん》中学に入学。
講義はすべて英語だったため、語学に堪能《たんのう》となる。
また、柔道部のエースとして活躍する。
在学中、軍人を侮辱したことで営倉《えいそう》(懲罰房《ちょうばつぼう》)に入れられる。
その後、福岡県知事のとりなしで釈放。

1892年 16歳

暴力事件を起こし退学。
政治団体・玄洋社《げんようしゃ》の頭山満《とうやまみつる》のもとに預けられる。
気性の激しさから「玄洋社の豹《ひょう》」と呼ばれる。
帝国陸軍のスパイである河野金吉《こうのきんきち》のかばん持ちとして、
満州や遼東半島の偵察、調査に同行する。

1894年 18歳

学習院に入学するが、すぐに中退。順天求合社《じゅんてんきゅうごうしゃ》で学び始める。

1902年 26歳

参謀本部諜報部員となり、特殊訓練を受ける。
ヨシと結婚。

1903年 27歳

ハルビン方面のスパイ活動開始。
情報収集と後方撹乱《かくらん》を工作する。

1904年 28歳

日露戦争勃発。
ハルビン郊外でロシアのコサック兵に捕らえられ、銃殺刑に。
死刑執行寸前、救出される。

1905年 29歳

戦争が終結し、帰国。
軍事探偵113名のうち帰還した者は、わずか9名だった。
妻と子供と平穏な日々を過ごす。

1906年 30歳

韓国総監府の高等通訳官に任命される。
着任後3か月目に奔馬性《ほんばせい》肺結核を発病。
医学、宗教、哲学、心理学の書を読みあさる。

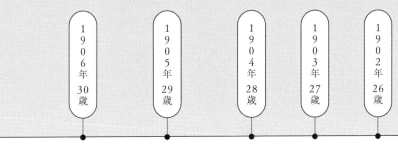

1909年 33歳

「座して死を待つよりも」と救いの道を求め、渡米を決意。
渡航許可が下りなかったため、孫文《そんぶん》の親類になりすまして密航。
コロンビア大学に留学していた華僑《かきょう》の代理出席で旅費を稼ぐ。
その過程で医学を学ぶ。
哲学者、有識者を訪ねてロンドンに渡る。
ロンドンにある日本商社の幹部から、女優サラ・ベルナールを紹介される。
フランスのサラ邸に寄宿し、ヨーロッパの思想や文化に触れる。

1911年 35歳

死期を悟り、日本への帰国を決める。
一時上陸したエジプトのカイロで、ヨガの指導者カリアッパ師と出会う。弟子入りし、ヒマラヤ第3の高峰カンチェンジュンガ山麓《さんろく》にあるゴルケ村で修行する。

1913年 37歳

結核が治り、悟りを得る。日本人初のヨガ直伝者となる。
カリアッパ師から帰国の許しを得る。
その途上、旧知である孫文による第二辛亥《しんがい》革命に協力。

1914年 38歳

日本に帰国。

1918年 42歳

時事新報社で記者を務める。

東京実業貯蔵銀行の頭取《とうどり》をはじめ、いくつかの会社の役員となる。豪邸を構えたり、お座敷で金をばら撒いたりと、私生活も華やかとなる。

妻のヨシから「病気で神経衰弱になっている従弟にインドでの経験を話してほしい」と頼まれ、自宅で講話会を開催。

その後、しばしば講話を行うこととなり、寄席《よせ》に通って話し方のコツを研究したり、医学の研究をしたりする。

1919年 43歳

頭山の依頼で福島県平《たいら》(現在のいわき市)での炭鉱労働者の暴動を鎮《しず》めに行く。

炭鉱労働者が生活苦から暴動を起こすに至ったことを知り、貯炭を売って利益を分配する。

鉱主から背任罪で訴えられるも、頭山の仲裁で事なきを得る。

炭鉱労働者とその家族の笑顔を見て、「人々を笑顔にする行いが自分の歩むべき道ではないか」と考える。

実業界から身を引き、財産を処分して「統一哲医学会」(現在の中村天風財団)を創設。

上野公園の一角にある石の上に立ち、心身統一法を説き始める。ヨガの教えと自己の体験・人生観を合わせた独自の理論とメソッドは、原敬《はらたかし》や東郷平八郎《とうごうへいはちろう》など政財界の人々の支持を受ける。

1940年 64歳

「統一哲医学会」を「天風会」と改称。

1947年 71歳

GHQの幹部約250名を対象に講演会を実施。同席していたロックフェラー3世に深く感銘を与える。

1948年 72歳

東京都文京区護国寺の月光殿で、講習会や修練会などを定期開催。

1962年 86歳

国から公益性を認められ、「財団法人天風会」となる。

1968年 92歳

4月、護国寺内に天風会館落成。
12月1日、逝去。享年92。

主役
LIFE

天風さんに影響を受けた人々

（順不同、敬称略）

原敬（首相）、山本五十六（元帥）、東郷平八郎（元帥）、石川素童（鶴見総持寺禅師）、浅野総一郎（浅野セメント創業者）、山本英輔（海軍大将）、尾崎行雄（法相）、池田寅次郎（大審院々長・中央大学総長）、長谷川直蔵（日本ペイント社長）、重宗雄三（参議院議長）、三島徳七（東大名誉教授・文化勲章）、左藤義詮（大阪府知事）、西竹一（オリンピック馬術金メダル）、駒形作次（原子力委員会理事長）、倉田主税（日立製作所社長）、双葉山定次（日本相撲協会理事長・横綱）、飯田清三（野村証券社長）、丹羽喬四郎（運輸相）、村田省蔵（大阪商船社長・商工相）、松本幸四郎＝七世（歌舞伎俳優）、渡辺安太郎（大和証券社長）、北村西望（長崎市平和祈念像制作者・文化勲章）、杉浦重剛（儒学者）、大佛次郎（作家）、堀越二郎（零戦設計者）、園田直（厚生相・外相）、松田権六（漆芸家・文化勲章・人間国宝）、砂野仁（川崎重工社長）、内海倫（人事院総裁）、庄野五一郎（水産庁長官）、株木正郎（日立セメント社長）、佐々木義武（通産相）、都筑馨太（旭化成工業副会長）、保方宇三郎（講談社最高顧問）、越後正一（伊藤忠社長）、宇野千代（作家）、廣岡達朗（野球評論家）、植芝吉祥丸（合気会々長）、山本宗二（東急百貨店副社長）、山中鏆（東武百貨店社長）、岩松三郎（初代最高裁判事・法務省特別顧問）、向野達児（東レメディカル相談役）、三遊亭円生＝六代目（落語家）、尾身幸次（財務相）、ロックフェラー3世夫妻（実業家）、素野福次郎（TDK相談役）、松下幸之助（松下電器産業創業者）、稲盛和夫（京セラ名誉会長）　他

●制作協力

中村天風財団（公益財団法人天風会）

中村天風「心身統一法」を普及する公益法人。

創立は1919（大正8）年、天風が自らの体験と研究の成果を辻説法という形で人々にうったえかけたことが会のはじまり。

1962（昭和37）年に厚生省（当時）許可の財団法人となり、2011（平成23）年に内閣府認定の公益財団法人に組織移行。

誰でも気軽に参加できる講習会・行修会などを全国で定期的に開催。

所　在：東京都文京区大塚5-40-8　天風会館
連絡先：TEL 03-3943-1601 info@tempukai.or.jp

●中村天風財団ホームページ

https://www.tempukai.or.jp
中村天風の経歴紹介
天風哲学・心身統一法に関するセミナー情報
書籍・CD等の販売

●天風メルマガ

https://www.tempukai.or.jp/m-magazine
元気と勇気がわいてくる哲人の教え、『中村天風の語録と解説』をメールマガジンにて配信しています。
人生の深い洞察から生まれた天風哲学のエッセンスを毎日一話あなたの元へお届けします。
（配信：中村天風財団／購読料無料）

出典一覧

『天風先生座談』(廣済堂出版、1987年)
『成功の実現』(日本経営合理化協会、1988年)
『盛大な人生』(日本経営合理化協会、1990年)
『心に成功の炎を』(日本経営合理化協会、1994年)
『運命を拓く』(講談社、1994年)
『君に成功を贈る』(日本経営合理化協会、2001年)
『幸福なる人生』(PHP研究所、2011年)
『真人生の創造』(PHP研究所、2015年)
『心を磨く』(PHP研究所、2018年)
『力の結晶』(PHP研究所、2020年)
『信念の奇跡』(日本経営合理化協会、2021年)

本書の天風さんの言葉は、上記の講演録から抽出・再構成し、作成いたしました。

またうっかり、
自分を後回しにするところだった

発行日　2024年2月14日　第１刷
発行日　2024年5月15日　第５刷

著者	中村天風
協力	中村天風財団
編集	アスコム編集部

本書プロジェクトチーム

編集統括	柿内尚文
編集担当	大西志帆
編集協力	篠原舞、岡田大
デザイン	小口翔平+後藤司+青山風音（tobufune）
イラスト	髙柳浩太郎
DTP	中日本企画舎株式会社
校正	東京出版サービスセンター
Special Thanks	柳沢さくら子、山田京
営業統括	丸山敏生
営業推進	増尾友裕、綱脇愛、桐山敦子、相澤いづみ、寺内未来子
販売促進	池田孝一郎、石井耕平、熊切絵理、菊山清佳、山口瑞穂、吉村寿美子、矢橋寛子、遠藤真知子、森田真紀、氏家和佳子
プロモーション	山田美恵
講演・マネジメント事業	斎藤和佳、志水公美
編集	小林英史、栗田亘、村上芳子、大住兼正、菊地貴広、山田吉之、福田麻衣
メディア開発	池田剛、中山景、中村悟志、長野太介、入江翔子
管理部	早坂裕子、生越こずえ、本間美咲
発行人	坂下毅

発行所　株式会社アスコム

〒105-0003
東京都港区西新橋2-23-1　3東洋海事ビル
編集局　TEL：03-5425-6627
営業局　TEL：03-5425-6626　FAX：03-5425-6770

印刷・製本　中央精版印刷株式会社

Printed in Japan　ISBN 978-4-7762-1330-7